A Excelência em Gestão Pública

A Trajetória e a Estratégia do GESPÚBLICA

série

GESPÚBLICA

PAULO DANIEL BARRETO LIMA

A Excelência em Gestão Pública

A Trajetória e a Estratégia do GESPÚBLICA

QUALITYMARK

Copyright© 2013 by Paulo Daniel Barreto Lima

Todos os direitos desta edição reservados à Qualitymark Editora Ltda.
É proibida a duplicação ou reprodução deste volume, ou parte do
mesmo, sob qualquer meio, sem autorização expressa da Editora.

Direção Editorial	Produção Editorial
SAIDUL RAHMAN MAHOMED editor@qualitymark.com.br	EQUIPE QUALITYMARK

Capa	Editoração Eletrônica
WILSON COTRIM	EDIARTE

1ª Edição: 2007
1ª Reimpressão: 2010
2ª Reimpressão: 2013

CIP-Brasil. Catalogação-na-fonte
Sindicato Nacional dos Editores de Livros, RJ

L698e
  Lima, Paulo Daniel Barreto
    Excelência em gestão pública: a trajetória e a estratégia do gespública / Paulo Daniel Barreto Lima – Rio de Janeiro : Qualitymark Editora, 2013.
    248 p.

  Inclui bibliografia

    1. Administração pública – Brasil. 2. Gestão da Qualidade total na administração pública. I. Título.

07–2065   CDD: 354.81
                                                         CDU: 35(81)

2013
IMPRESSO NO BRASIL

Qualitymark Editora Ltda. Rua Teixeira Júnior, 441 – São Cristovão 20921-405 – Rio de Janeiro – RJ Tel.: (21) 3295-9800 ou 3094-8400	QualityPhone: 0800-0263311 www.qualitymark.com.br E-mail: quality@qualitymark.com.br Fax: (21) 3295-9824

"Se com o passar do tempo o apelo e o brilho dos prêmios da qualidade em gestão diminuírem, desaparecerem como os festivais da canção e os concursos de beleza, ou permanecerem, como os campeonatos de futebol e as Olimpíadas, não importa. Uma coisa, no entanto, permanecerá e exigirá cada vez mais talento e ação vigorosa: a busca da qualidade da gestão. Seja lá como e com que nome for, enquanto houver algo a ser produzido, um recurso a ser utilizado, uma missão a ser cumprida, um serviço a ser prestado e uma sociedade para demandar, haverá exigência por maior qualidade gerencial."

Paulo Daniel
Bagé, 25/12/2004

Homenagem e gratidão

A meus pais,
Oswaldo e Ivone

Agradecimentos

"Apenas fiz uma lista daqueles a quem, além do dever, tenho a gratidão e honra de ter estado com eles e de tê-los tido comigo ao longo dessa trajetória. Achei por bem citar os nomes, pois tenho certeza de que cada um sabe o quanto fez. Eu tenho a certeza de que juntos fizemos muito."

Daniel
Brasília 16/1/2006

Paulo Daniel Barreto Lima

Acácia Branca Seco Ferreira
Afonso Celso Granato
Alda Maria de Pinho Couto
Alfredo Palmer Baeta da Costa
Álvaro Pinto Leite
Ana Cristina Ângelo Bergamaschi
Anderson Pereira da Silva
André Luiz Nascimento Reis
André Ribeiro Ferreira
Antonio Marmo Trevisan
Ariovaldo Stelle
Augusto José Leite Mendes Riccio
Bernardo de Filippis
Carlos Lombardi
Cesar Ken Mori
Dinorval Gonçalves de Oliveira
Elisa Ribeiro
Erivaldo Ferreira da Silva
Esaú Mendes Sirqueira
Flávio Souto Mayor
Felix Ricardi
Gezsler Carlos West
Gisele Bacelar Carvalho
Gustavo Pereira Angelim
Haley Maria de Souza Almeida
João Carlos Machado
João Carlos Andrade da Silva (in memoriam)
João Mário de Andrade Pinto
Jorge Gerdau Johannpeter
José Aparecido Canassa
José Ari Blanco de Carvalho
José Francisco Damasceno
José Luiz Abasolo
Lília Soares Ramos
Lúcia de Matos Félix
Lúcia Müssnich Barreto Alves
Luciano Rodrigues Maia Pinto
Luís Carlos Bresser Pereira
Luis Cordeiro de Barros Filho
Luiz Antônio Bergamini
Marco Antônio Martins Leite
Marcolina Paiva Amoedo
Marcos Otávio
Maria Amélia de Paula Dias
Maria das Mercês Silva Lira
Maria de Marilac Coelho Rocha
Maria Lúcia de Matos Félix Silva
Matias Martins (in memoriam)
Maurício Biazotto Corte
Mirna Maria de Souza
Nicolau Frederico de Souza
Orlando Pavani Junior
Reinaldo Dias Ferraz de Souza
Ricardo (Inmetro)
Robert Max Mangels
Rosa Graça Lima Barreto
Roseli Dias Barbosa Farias
Silvia Cristina Prado Arruda Pini
Silvio Olivo
Stella Regina Reis da Costa
Valeria Alpino Bigonha Salgado
Zélia Galvão Martiniano Lins

Apresentação

*"O conteúdo deste trabalho está pontilhado de estórias contadas
em minhas palestras. A maioria dessas nasceu de histórias do cotidiano
de nossas organizações. Portanto, qualquer semelhança
pode não ser mera coincidência."*

Daniel
Brasília 6/6/2004

Paulo Daniel Barreto Lima

Este trabalho foi elaborado com a finalidade de discutir a gestão pública brasileira, tendo por roteiro a estratégia do Programa Nacional da Gestão Pública e Desburocratização – GESPÚBLICA.

Em parte, procurei registrar minha experiência de quinze anos no GESPÚBLICA, dos quais dez como seu diretor.

Não é um texto com ênfase nos conceitos e nas metodologias do Programa, mas na análise e interpretação dos mesmos através da lente de quem viu, ouviu, debateu, vivenciou e falou da proposta essencial do Programa para a melhoria da qualidade da gestão e do desempenho dos órgãos e entidades do setor público.

A proposta GESPÚBLICA, apesar do tempo decorrido, dos choques com o poder político-burocrático dos quais foi vítima, conseguiu manter-se intacta, em contínuo aperfeiçoamento.

Seus resultados efetivos, porém, são pequenos se comparados aos resultados que poderiam ter sido alcançados, caso houvesse recebido mais apoio do que indiferença, pois, excetuando-se poucos momentos em que a alta administração agiu para eliminar o Programa, o que predominou o tempo todo foi a indiferença complacente.

Ter a estratégia do GESPÚBLICA como roteiro significa abordar a gestão pública sob a ótica de um avaliador/examinador e apontar as melhorias possíveis. Significa, ainda, sondar o potencial de mudança a partir do cálculo de poder dos motivados, dos resistentes e dos indecisos.

Esta provavelmente não será uma abordagem saborosa ao paladar daqueles que só percebem a gestão pública pelo lado importante, mas não essencial, de tamanho da máquina, de marcos legais, de sistemas remuneratórios, de estruturas organizacionais e de controle.

O Programa Nacional de Gestão Pública e Desburocratização tem considerado todos esses aspectos, mas os coloca como conseqüência natural da concepção teórica mais ampla e da prática de gestão essencialmente focada em bases mais sólidas, capazes de incorporar mudanças de estratégias sem alterar a natureza pública das organizações do Estado, sem permitir que os processos se justifiquem por si e que a boa gestão pública se limite a corporações bem estabelecidas, eficientes por si, mas ineficazes perante a sociedade, sem valor público.

Este livro não é um manual de avaliação do sistema de gestão. Seu propósito é destacar alguns aspectos essenciais da proposta do GESPÚBLICA, referentes ao entendimento do Modelo de Excelência em Gestão Pública preconizado pelo Programa e dos critérios de avaliação dele desdobrados.

Aspectos como a dimensão política do Modelo, a fidelidade dos instrumentos de avaliação ao Modelo e o entendimento correto do que seja resultado no sistema de gestão que tem por fundamento e foco a excelência dirigida ao cidadão ainda estão *intocados* e, como conseqüência, dando ao Modelo de Excelência em Gestão Pública conotação predominantemente, para não dizer única, de uma abordagem tecnicista e limitada ao campo da administração, *strictu senso*.

Gestão Pública no GESPÚBLICA não é uma abordagem gerencial da administração, é, e tem que ser, uma abordagem *tecnopolítica*[*]. Tem seu centro prático de ação na gestão do Estado, tecnicamente conduzido pelos órgãos e entidades públicos e, politicamente, pelos governos.

O GESPÚBLICA foi concebido e se desenvolveu no campo da gestão organizacional e na dimensão administrativa. Tal posicionamento explica-se pela forte e, provavelmente única, influência do setor privado, cujo centro é a empresa – o resto é cenário – e a gestão é apenas uma abordagem técnica, portanto essencialmente administrativa. O maior resultado da empresa – o lucro – acontece no campo da administração (financeira) e depende da qualidade dos demais segmentos da administração empresarial.

Falta, ainda, entender que o maior resultado da gestão pública – o ganho social – não acontece no campo da administração. Não há, pelo

---

[*] Termo utilizado por Carlos Matus, 1993.

menos por enquanto, uma "administração política", e, se houver, não será tangível e contabilizável como o é o lucro na administração financeira, capaz de atestar o sucesso no setor privado, mas incapaz de fazê-lo no setor público.

Não há como falar em gestão de órgãos e entidades públicos sem falar em gestão do Estado, entidade administrativa e política.

Pouco a pouco, persistente e continuadamente, como tem feito, o GESPÚBLICA avança para a gestão tecnopolítica do Estado. Se não por outro motivo igualmente importante, pelo menos pelo fato de que, sob o princípio da legalidade, nenhum órgão ou entidade público conseguirá ser melhor do que as piores e mais burocratizadas regulamentações e do que as mais fracas e equivocadas políticas públicas que direta ou indiretamente condicionem o cumprimento da missão institucional de nossos órgãos e entidades.

Em síntese, organizei este trabalho da seguinte forma:

No Capítulo 1 apresento a qualidade como conceito essencial do GESPÚBLICA e, à luz desse conceito, o entendimento dos termos eficiência, eficácia e efetividade.

No Capítulo 2, faço uma retrospectiva da administração pública brasileira a partir das reformas administrativas que, de alguma forma, ajudam a descrever o contexto no qual surgiu, em 1990, o GESPÚBLICA. Leitura atenta desse capítulo contribui para o entendimento mais profundo do significado da mudança proposta pelo Programa.

O Capítulo 3 foi reservado para a história do GESPÚBLICA.

No Capítulo 4 apresento o Modelo de Excelência em Gestão Pública e a fundamentação teórica que dá à gestão pública brasileira, a um só tempo, singularidade e contemporaneidade.

Nos Capítulos 5, 6 e 7 desenvolvo algumas reflexões sobre a avaliação do sistema de gestão preconizada pelo GESPÚBLICA. Nesses capítulos procuro não apenas dar elementos para ampliar e aprofundar o entendimento sobre vários aspectos da avaliação, como faço, também, algumas críticas a determinadas abordagens que de alguma forma têm causado distanciamento do Modelo e de seus fundamentos e colocado acima deles os instrumentos e as regras mecanicistas do processo de avaliação.

No Capítulo 8 faço rápida análise do GESPÚBLICA à luz de algumas teorias de políticas públicas, pois embora alguns não queiram aceitar, não tenho dúvida de que o GESPÚBLICA é uma política pública de gestão, provavelmente a melhor até hoje formulada e, sem dúvida, por sua dimensão federativa, a mais ampla.

À guisa de conclusão, no Capítulo 9 desenvolvo uma reflexão sobre a proposta de mudança contida no GESPÚBLICA. Nessa reflexão considero a mudança como um processo e como um desafio.

O autor

Sumário

1. QUALIDADE: o conceito essencial do GESPÚBLICA 1
   1. Qualidade: um valor positivo 3
   2. Qualidade: processos e resultados 6

2. O GESPÚBLICA no contexto das reformas administrativas ... 15
   1. O "locus" das reformas no Brasil 17
   2. A reforma burocrática 18
   3. A primeira simplificação burocrática 20
   4. A reforma desenvolvimentista 22
   5. O Programa Nacional de Desburocratização 24
   6. O desafio das reformas: perenizar as boas práticas 26

**3. RETROSPECTIVA: uma trajetória de persistência
e de visão de futuro** 29
   1. Dos processos ao sistema de gestão 31
   2. De 1990 a 1995: Qualidade e Produtividade
      na Administração Pública 31
   3. De 1995 a 1998: Qualidade e Participação na
      Administração Pública 34
   4. De 1999 a 2004: Qualidade no Serviço Público – PQSP 42
   5. O GESPÚBLICA hoje 46

4. Excelência em Gestão Pública 47
   1. O Modelo de Excelência em Gestão Pública 49
      1.1 Origem: a exaustão do modelo burocrático 49
      1.2 A diferença específica: ser público 51
   2. Ser excelente sem deixar de ser público:
      uma questão de princípios 53
      2.1 Excelência dirigida ao cidadão 55
      2.2 Legalidade 56

2.3 Moralidade 56
2.4 Impessoalidade 56
2.5 Publicidade 57
2.6 Eficiência 57
3. Características contemporâneas da Excelência em Gestão 57
   3.1 Enfoque sistêmico 58
   3.2 Gestão participativa 59
      Ouvir 61
      Informar 62
      Delegar 64
   3.3 Gestão baseada em processos e informações 69
   3.4 Valorização das pessoas 77
   3.5 Visão de futuro 85
   3.6 Aprendizado organizacional 87
   3.7 Foco em resultados 89
4 O Modelo 91
   4.1 Planejamento: o primeiro bloco 92
   4.2 Execução: o segundo bloco 94
   4.3 Controle: o terceiro bloco 94
   4.4 Ação corretiva: o quarto bloco 95

5. A avaliação do sistema de gestão 97
   1. A avaliação 99
   2. Sistema de gestão 103
   3. As cadeias produtivas do setor público 104
   4. Avaliação da gestão: a estratégia da auto-avaliação ... 105
      4.1 Avaliar: medir e descrever 105
      4.2 Requisitos para o sucesso da auto-avaliação 106
      4.3 A auto-avaliação como instrumento de mudança gerencial . 107
      4.4 Auto-avaliação: práticas e resultados 110
         4.4.1 Fatores de análise das práticas de gestão 112
         4.4.2 Fatores de análise dos resultados 117
      4.5 O aprendizado como prática de gestão 118
   5. Avaliação: o risco da aplicação equivocada 122
      5.1 Gestão organizacional não é gestão de processo ... 122

5.2 Avaliação de unidade organizacional:
   requisitos necessários 125

6. A avaliação do sistema de gestão: práticas 129
1. Liderança: a força da influência que move e inspira 131
   1.1 Um critério exclusivo para os dirigentes das
      organizações públicas. 131
   1.2 O sistema de liderança público de classe mundial 134
   1.3 Exercer influência 135
   1.4 Induzir o controle social 136
   1.5 Infundir a cultura da excelência 136
   1.6 Promover o desempenho institucional 137
2. Estratégias e planos: decisões e ações orientadas
   por um futuro desejado 139
   2.1. O "espírito da lei" 139
   2.2 A estratégia 140
   2.3 A formulação estratégica 141
   2.4 Os planos 146
3. Cidadãos e sociedade: a razão de ser público 147
   3.1 Excelência na gestão pública: um jogo aberto
      de dupla entrada 147
   3.2 Cidadãos sim, clientes não 152
   3.3 Práticas de gestão dirigidas ao cidadão 154
4. Informação e conhecimento:
   a inteligência em busca do melhor 165
   4.1 Informação: matéria-prima da decisão 165
   4.2 Propriedade corporativa 166
   4.3 A validade: a informação "apodrece" 167
      4.3.1 A permanência do objeto da informação 168
      4.3.2 A comprovação legal 168
      4.3.3 O teor do conhecimento técnico 168
      4.3.4 O significado histórico 169
   4.4 A coerência 169
   4.5 A evidência 170
      4.5.1 Ignorância: ausência de conhecimento 171

    4.5.2 Dúvida: o impasse do equilíbrio 171
    4.5.3 Opinião: desequilíbrio positivo 171
    4.5.4 Certeza: evidência 172
5. Pessoas: cidadãos públicos a serviço da sociedade 172
    5.1 A base constitucional da gestão de pessoas
    no setor público 172
    5.2 O reconhecimento e a punição: dois lados
    da mesma moeda 175
6. Processos: os centros práticos da ação 177
    6.1 O processo enquanto componente do Modelo 177
    6.2 O Critério Processos: a questão da fidelidade ao Modelo 178
    6.3 Processos: a avaliação 180
        6.3.1 Macroprocessos e processos 180
        6.3.2 O controle 180
        6.3.3 A desburocratização 181

7. A avaliação do sistema de gestão: resultados 183
    1. As aparências enganam: alerta 185
    2. Resultado no GESPÚBLICA 187

8. O GESPÚBLICA à luz de perspectivas teóricas de Políticas Públicas 195
    1. O GESPÚBLICA não reproduz um modelo teórico específico 197
    2. Teoria das elites – perspectiva gerencial 197
    3. Teoria da escolha pública *(public choice)* 199
    4. O Contexto: fator determinante do sucesso da política 200

9. O desafio da mudança 203
    1. A Natureza da mudança proposta pelo GESPÚBLICA 205
    2. A Vontade das pessoas 205
        2.1 A retórica 207
        2.2 A ação vigorosa 209
        2.3 A identidade 211
    3. A força das instituições 214

Bibliografia 221

1
QUALIDADE:
o conceito essencial do GESPÚBLICA

"Não há dúvida a respeito da necessidade de mudanças na gestão pública. O que alguns não entendem é que há um espaço definido pela natureza de nossas organizações que as define como públicas. Ultrapassar esse limite é "travestir" o órgão público de uma roupagem que ele não pode usar. O GESPÚBLICA foi concebido e tem se desenvolvido para construir sistemas de gestão excelentes, sem que para isso nossas organizações necessitem deixar de serem públicas."

Daniel
Porto Alegre 6/6/2005

1. Qualidade: um valor positivo

Todas as pessoas têm uma idéia natural do que significa qualidade. Algumas até perguntam por que falar de qualidade se todos ao fazerem alguma coisa, certa ou errada, procuram fazê-la bem feita ou, pelo menos, da melhor forma possível, e isso é qualidade.

Qualidade sob esse enfoque é tão natural no ser humano como o é o bom senso. Descarte referiu-se ao bom senso como *"a coisa do mundo melhor partilhada, pois cada qual pensa estar tão bem provido dele, que mesmo os que são mais difíceis de contentar em qualquer outra coisa não costumam desejar tê-lo mais do que o têm"* (Descartes, 1596-1650).

O ser humano já nasce inclinado para agir com qualidade e dotado de uma certa *lógica natural* que o conduz para as coisas mais evidentes, aquelas sobre as quais tem maior grau de certeza. Esse *dom* para aquilo que parece mais certo e para aquilo que se julga melhor evidencia, ser a qualidade, ou, pelo menos, a busca por ela, algo natural.

Esse entendimento comum de qualidade está correto e constitui a base sobre a qual se desenvolve a doutrina – filosofia, teoria e prática – da gestão pública preconizada e disseminada pelo Programa Nacional de Gestão Pública e Desburocratização.

> **Qualidade é um termo que encerra uma idéia positiva.**

O termo *qualidade*, embora admita gradações – baixa qualidade, alta qualidade, excelente qualidade – pode ser considerado isoladamente de qualquer atributo e dessa forma será tratado. Falar de qualidade é falar de essência positiva. Referir-se à baixa qualidade, por exemplo, é negá-la, se não no todo, pelo menos em parte. Assim, quando se fala de qualidade da gestão pública, fala-se, necessariamente, de um valor positivo que a organização pode ou não ter.

Para melhor direcionar as considerações sobre qualidade na gestão pública, é importante refletir sobre as seguintes perguntas: Existe uma gestão pública de qualidade? Que gestão é essa? Que qualidade tem?

As respostas ficam por conta de cada um. Neste momento, as perguntas são mais importantes. Provavelmente, ao final da leitura, muitos terão modificado suas respostas iniciais.

Uma gestão com qualidade é uma capacidade para fazer, bem feito e em tempo oportuno, o que deve ser feito. Três elementos importantes estão implícitos nesse primeiro conceito de gestão: qualidade, produtividade e missão.

Qualidade: fazer bem feito; produtividade: fazer a quantidade certa no tempo certo; missão: fazer o que deve ser feito. Esses elementos separados não produzem qualidade. Pode-se fazer muita coisa (produtividade), sem qualidade (mal feita). Pode-se fazer bem feito (qualidade), mas em quantidade insuficiente para atender as necessidades dos cidadãos (produtividade). Só é possível cumprir a missão institucional se concorrerem para isso, simultaneamente, a qualidade e a produtividade.

Uma organização pública que tem qualidade na gestão é, portanto, uma organização que tem capacidade de cumprir sua missão. Fazer o que tem que fazer, bem feito, e acessível a todos os seus destinatários.

É nesse sentido amplo do termo *qualidade* que se estabelece a ligação vital com a produtividade e a missão, principalmente por se tratar de serviço público, que, por não ter mercado, mas sociedade, não tem atribuição para escolher "fatias" ou "segmentos" da sociedade para prestar seu serviço. Quando a missão dada a uma organização é a educação, é para toda a sociedade, nacional, estadual, municipal ou mesmo de um distrito ou bairro. Ter qualidade é fazer chegar o ensino a todos os cidadãos que vivem no espaço de atuação de uma determinada organização pública.

No setor privado, por exemplo, as empresas podem escolher o segmento de mercado que desejam atender, e definem estratégias específicas para conquistá-lo e mantê-lo. Uma empresa de transporte aéreo pode optar pelo atendimento a clientes de maior poder aquisitivo – implanta um serviço diferenciado, estende tapetes, fornece serviço de bar gratuito em salas de espera, distribui jornal, disponibiliza acesso à Internet etc. Uma outra empresa de transporte aéreo pode optar pelo atendimento a outro segmento de mercado constituído de pessoas de menor poder aquisitivo que nem mesmo poderiam, até então, pensar em viagem aérea; para isso, desenvolve estratégia adequada a esse tipo de cliente – baixa o custo da passagem, retira a refeição de bordo, direciona o marketing para usuários de rodoviária etc.

Excelência em Gestão Pública: a trajetória e a estratégia do GESPÚBLICA

À organização pública não é dada essa opção, pois é comissionada pela sociedade para, no âmbito de suas atribuições legais, atender a todos, sem distinção de tratamento[1].

Por não ser lícito à organização pública fazer escolhas em relação aos seus usuários, a produtividade constitui-se fator inerente e crítico, embora não suficiente, à qualidade. Qualidade sem produtividade agrega um valor negativo semelhante àquele decorrente da falta de qualidade, pois a missão somente se realiza na plenitude desses dois elementos.

Sob a ótica do cidadão, uma organização pública que presta um bom serviço ao qual ele (fulano de tal, com nome, às vezes sem sobrenome e sem registro), não tem acesso não é, rigorosamente, uma organização pública de qualidade, pois faz bem feito o que lhe foi comissionado, mas não cumpre a sua missão, pois não atende a todos aos quais deveria atender. Na verdade nega o acesso do cidadão a um serviço que por definição legal é público (universal e gratuito).

A capacidade de fazer bem feito o que precisa ser realizado vai além da competência técnica específica para cumprir a missão da organização ou a sua atividade-fim. É uma capacidade que pressupõe planejar, organizar, conduzir, coordenar e controlar[2], para que a simples capacidade de fazer agregue valor ao que é feito, em outras palavras, seja bem feito, não só para a organização pública, para seus servidores e para o governo, mas, principalmente, para o destinatário de seus produtos, o cidadão, seja na condição de usuário ou de mantenedor.

Uma escola, por exemplo, é criada para realizar o ensino. O primeiro requisito é saber ensinar. Para isso necessita dominar os conteúdos que integram o programa e saber transmiti-los, o que, além do conhecimento dos métodos e das técnicas de ensino, pressupõe capacidade para escolher o método e a técnica mais adequados em função do conteúdo a ser apresentado e do perfil dos alunos. Os melhores indicadores dessa dimensão da qualidade – saber fazer – é o aluno ter aprendido e, no longo prazo, a

---

[1] Exceto as distinções estabelecidas em lei que determinam tratamento diferenciado para pessoas portadoras de deficiência permanente ou temporária.
[2] Funções clássicas da Administração.

transformação positiva que essa aprendizagem lhe proporcionou e à comunidade na qual vive.

Da mesma forma, pode-se aplicar essa dimensão da qualidade a um hospital, a um posto de identificação, a um posto da previdência social, a um posto de atendimento do Departamento de Trânsito, a um consulado do Brasil no exterior etc.

No entanto, para uma organização ter qualidade, a capacidade de saber executar a sua atividade-fim (saber fazer) – essencial e indispensável – não basta. Tão importante quanto é a capacidade de gerenciá-la. Não há missão que possa prescindir da gestão – *toda organização tem uma missão e uma gestão* – independentemente da qualidade dessa gestão de dar ou não capacidade à organização para cumprir sua missão.

Ter capacidade de executar o ensino-aprendizagem, sem a correspondente capacidade para estabelecer o que fazer, definir prioridades, organizar os recursos de toda ordem, conduzir as atividades – motivando, decidindo e orientando – e avaliar é garantir um fracasso tão grande quanto ter um aparato administrativo sem capacidade para ensinar[3].

2. Qualidade: processos e resultados

Não é por acaso que existem tantas organizações públicas de baixo desempenho, apesar de seus quadros profissionais altamente capacitados para suas atividades finalísticas. À capacidade de saber fazer faltou a capacidade de saber fazer de modo certo (processo), a coisa certa (resultado) e a capacidade de avaliar os efeitos dos resultados produzidos.

Esses três elos – processo, resultado e efeito – representam o espaço gerencial, cuja finalidade é garantir qualidade a todas as partes interessadas: do mantenedor ao destinatário que, por se tratar de organização pública, são papéis diferentes desempenhados pelo mesmo ator: o cidadão.

Essa qualidade dirigida ao cidadão pode ser monitorada, imediatamente, pelo grau de satisfação das pessoas com o serviço público que recebem;

---

[3] É importante observar que esse argumento levado ao extremo provavelmente não tenha correspondência na realidade. Seria como admitir uma escola com o corpo administrativo, mas sem professor, ou com professores sem direção e administração.

a médio e longo prazos, pelo nível de qualidade de vida da sociedade e pelo nível de competitividade do país[4].

De que adianta reconhecida capacidade de arrecadação, elogios da comunidade financeira internacional se os indicadores sociais pouco ou nada se deslocam em termos positivos. Estamos, atualmente, entre as sociedades mais perversas, não pela miséria, mas pelas diferenças sociais que temos e mantemos.

Não é por acaso que apesar dos ventos favoráveis da economia mundial, praticamente não crescemos, enquanto países comparáveis ao Brasil têm crescido entre sete e nove por cento. Excesso de burocracia, furor arrecadatório, corrupção abundante, gestão incompetente de prioridades podem explicar, pelo menos em parte, indicadores sociais tão desfavoráveis.

O apego desmedido ao poder, a obsessão pelos projetos pessoais que promovem os governos, mas não o Estado, têm feito com que, pelo menos no Brasil, o maior desafio seja de natureza gerencial[5]. O país padece de incompetência gerencial generalizada que não consegue fazer dos processos e dos resultados elos construtores e mantenedores de valores públicos positivos, de ganhos sociais.

Eficiência	Fazer de modo certo é ser eficiente. Tal capacidade implica organizar racionalmente as operações do processo, de forma a empregar da melhor forma possível os recursos disponíveis: tempo, dinheiro, conhecimento, energia, instalações, equipamentos e humor.

Nesse sentido, eficiência é conseguir fazer o máximo com os recursos disponíveis. Esse *máximo* diz respeito à produtividade e tem limites claros relacionados à manutenção da qualidade do que se faz e da excelência dos relacionamentos, internos ou externos, na hora da entrega dos serviços aos seus destinatários.

---

[4] A competitividade sistêmica (global) do país é, segundo pesquisas realizadas, fortemente impactada pela carga burocrática e tributária imposta pelo Estado ao setor produtivo.

[5] Gestão entendida como capacidade político-administrativa.

> **Fazer mais com cada vez menos é façanha impraticável, pois contraria o senso comum.**

É oportuno observar que muitos têm traduzido eficiência como sendo guiada pelo desafio de *fazer cada vez mais com cada vez menos*. Longe de ser um desafio, é, na verdade, uma façanha impraticável: porque é antinatural e contraria o senso comum dos administradores – não há qualquer registro dando conta de que algum gestor, satisfeito com os resultados de sua área, haja solicitado menos recursos orçamentários para o ano seguinte e ao mesmo tempo dobrado suas metas.

Admitida essa prática, seria perfeitamente possível um dia acontecer o milagre, ou coisa parecida, de se fazer tudo sem qualquer recurso.

Trata-se, sim, de fazer o máximo e o melhor com o recurso que se tem. Isto torna legítima a busca por mais recursos e, em alguns casos, não apenas legítima mas a única forma de evitar, por exemplo, que um hospital público force seus profissionais de saúde a escolher quem deve morrer e quem terá a chance de tentar sobreviver sendo atendido. A metáfora da *"esperança equilibrista"* parece fazer sentido para todos os pacientes que esperam ser escolhidos dentre muitos que estão, sabe-se lá como, na *"corda bamba"* do corredor de um hospital.

Ser eficiente, porém, não basta. Muito esforço já foi feito e, seguramente, alguém, em algum lugar neste momento, está tentando fazer melhor a coisa errada, que não agrega valor ao cumprimento da missão da organização. É um esforço para aperfeiçoar processos que funcionam como *"ralos"* por onde escoam tempo, dinheiro, competências e oportunidades.

Nas organizações públicas a eficiência é muitas vezes sacrificada em nome dela mesma. O valor exagerado dado ao papel, ao relatório, ao carimbo, à assinatura, ao arquivo e à centralização faz da burocratização[6] uma força irreverente, principalmente diante daqueles que têm no serviço público a única maneira de suprir algumas de suas necessidades.

Tal atitude, impregnada do desnecessário, fortalece processos de baixa capacidade de produção, desperdiça recursos e serve de argumento para (in)justificar a pesada carga tributária e burocrática repassada à sociedade.

---

[6] Burocratização, termo utilizado pela primeira vez por Hélio Beltrão com o significado de excesso, exagero, controle desnecessário.

Resultado

O segundo elo – o resultado – é o que o processo produz. Para não perdermos o essencial dessa reflexão, evitaremos o debate conceitual entre eficácia e efetividade. Deixo a cargo do leitor, se assim o desejar, a classificação dos diversos tipos de resultado aos quais farei alusão.

O resultado, como produto direto do processo, diz respeito a produtos ou serviços que devem ocorrer, necessariamente, no âmbito externo do processo.

Tanto no processo interno de uma organização, como a organização, vista como macroprocesso, o resultados direto é avaliado em termos de qualidade e quantidade. A definição prévia de metas e indicadores são recursos da gestão pela qualidade que dão a consistência necessária à avaliação do processo em termos de relevância, tendência e desempenho de seus resultados.

Como exemplo, considere-se a seguinte meta: "vacinar contra o vírus da gripe, no ano de 2004, 95% das pessoas com idade igual ou superior a 60 anos". Cada vacina aplicada de acordo com os parâmetros estabelecidos pela meta é produção para a organização e, portanto, resultado. Será um bom resultado se atingir a meta estabelecida ou superá-la: neste exemplo, o bom resultado apontará para um número de vacinas aplicadas igual ou superior a 95% da população na faixa etária estabelecida.

Na administração pública o "bom resultado", ou seja, o fazer o que deveria ser feito, é exageradamente valorizado. Incontáveis discursos de altos dirigentes e relatórios pesados e inférteis[7] de grandes organizações públicas têm valorizado sobremaneira o resultado que responde objetivamente a metas físicas e financeiras.

Atingir metas físicas e financeiras é essencial, mas não é tudo e de forma alguma o mais importante. Mais importante, por exemplo, do que cumprir 200 dias letivos é a qualidade da aprendizagem dos alunos; mais importante do que vacinar 95% dos idosos é eliminar ou reduzir a incidência da gripe.

---

[7] Termo utilizado por Joseph N. Miniace e Elisabeth Falter para qualificar os relatórios como tipo de canal de comunicação.

Esses indicadores maiores que medem a dimensão e a presença de um problema antes e depois da ação são os indicadores imprescindíveis de uma gestão com qualidade e, portanto, voltada para os efeitos dos resultados.

Notícia veiculada pelo jornal *Correio do Povo*[8] é um exemplo de gestão pública preocupada com o resultado (efeito) que gera valor público para o cidadão.

Diz a notícia: "A partir de 2006, o ensino da rede pública estadual terá seu desempenho avaliado. Indicadores como evasão, repetência, relação entre professores, alunos e pais serão avaliados".

Esses indicadores apontam para o tipo de resultado que faz a diferença em termos de ganhos sociais. Tais resultados, todavia, não serão atingidos se os alunos estiverem fora da escola, se os professores não forem preparados e presentes etc.

A notícia continua: "As escolas com melhores pontuações receberão prêmios de R$ 2.000,00 a R$ 20.000,00, com o objetivo de incentivar experiências exitosas."

Faz parte da boa gestão reconhecer o sucesso, neste caso o sucesso que realmente faz diferença para a sociedade.

É comum no setor público inverter importâncias quando se trata de resultados. Dá-se mais valor ao resultado material e imediato do que ao resultado mediato e intangível, mas que representa a concretização dos anseios dos cidadãos e das promessas dos governantes. Toda criança na escola é fundamental, mas não garante qualidade do processo do ensino-aprendizagem.

Um exemplo atual de inversão de importâncias é o problema da *insegurança pública* que amedronta e torna alguns valores, antes perenes, totalmente efêmeros e vulneráveis.

Sem julgar o mérito das medidas eventualmente adotadas por algum governo nesta área, o que se tem feito para resolver, ou, pelo menos, para amenizar o problema é aumentar o efetivo de policiamento ostensivo, quase sempre pela retirada dos policiais das funções burocráticas nos quartéis,

---

[8] Correio do Povo, Porto Alegre, 29/9/2005 – ano 110 – nº 34 – página 11.

para funções de policiamento nas ruas; aumentar o número de viaturas nas ruas; implantar um sistema de vigilância que garanta a presença policial em toda área urbana.

Nesse exemplo, a organização de segurança pública fez tudo o que planejou, e, em alguns aspectos, superou suas metas. Isso quer dizer que, sob o ponto de vista do plano de segurança, a gestão atingiu seus resultados.

Tais resultados são necessários, mas insuficientes na medida em que seus efeitos não demonstrem vigor suficiente para diminuir ou até mesmo eliminar a violência urbana. Se os indicadores do nível de segurança da população não se alteraram, a eficácia das ações do Plano é nula, que para justificá-las o dirigente público argumente em emocionados discursos que se aquelas ações não tivessem sido realizadas a situação teria se agravado. Provavelmente, o argumento está correto, o que não está é o cálculo do plano que definiu ações ineficazes. O plano, sem dúvida, não foi concebido para manter a insegurança nos níveis em que se encontrava quando da sua (do plano) formulação.

O Efeito é o resultado em sua plenitude.

Esse é o terceiro elo da cadeia de gestão de uma organização com qualidade: o efeito. O efeito é o *fiel da balança*, pois é por ele, e apenas por ele, que o órgão ou entidade pública demonstra seu nível de desempenho e cumpre ou deixa de cumprir sua missão institucional.

O efeito é na verdade o resultado em sua plenitude e por isso o referencial de excelência da avaliação gerencial pelo qual se pode qualificar ou desqualificar a eficiência e a própria eficácia.

Na escola pública, ter qualidade implica: atingir índices educacionais comparáveis com os melhores do mundo toda ação que contribua para que essa situação desejada seja atingida é eficaz. A avaliação do grau de eficácia dessas ações só será possível se considerar os efeitos dos resultados dessas ações. Se o resultado físico (e financeiro) foi atingido, mas não ofereceu uma contribuição efetiva, a ação foi ineficaz, e a eficiência, presumidamente conseguida, nula em sua essência.

A análise dessa questão pode ser feita sob dois pontos de vista: do plano e do objetivo estratégico. Atingido um certo resultado, uma forma de avaliá-lo é compará-lo, tendo por referência o plano que o estabeleceu como meta. Nesse caso, é possível uma avaliação, a mais comum, mas não muito segura, da eficiência dos processos e da eficácia das ações para produzir os resultados físicos desejados.

No entanto, os mesmos resultados atingidos, quando avaliados, tendo como referência os objetivos estratégicos, que verdadeiramente dão sentido às ações definidas no plano, ter-se-á uma outra avaliação, mais rara, mas segura, porque só se completa no resultado pleno, no qual é possível identificar objetivamente a concretização do objetivo estratégico ou de parte dele.

Essa dimensão da gestão não é natural da administração, pois sua essência não é técnica e sim política. Não é do campo da administração a "contabilidade social", ela não faz e não sabe fazer "demonstrativos de lucros e perdas sociais". Por isso, o limite físico e financeiro das metas e dos resultados no planejamento e na avaliação.

A gestão privada não precisa da dimensão social, à medida que sua finalidade é o lucro financeiro, componente natural do campo administrativo. A gestão pública tem sua finalidade na geração do bem comum, no ganho social e este, embora seja objeto da gestão pública, não pertence à administração, mas à política.

É prática comum nas grandes organizações públicas definir visão de futuro e objetivos estratégicos, mediante aplicação de sofisticadas e caras metodologias. A crítica não está nessa prática em si, mas no que se tem feito com o resultado dela: nada que agregue valor.

Tudo não passa de um ritual burocrático (seminários, oficinas, consultorias, publicações etc.), que acaba em um belo documento bem encadernado e em conjunto de lâminas para apresentações e palestras.

O pensamento contínuo sobre o futuro e sobre o papel que a organização deseja desempenhar nele (visão) praticamente inexiste, pois não é utilizado para dar coerência ao processo decisório, para dar direção ao caminho traçado no plano e, muito menos, para aferir os resultados que verdadeiramente interessam: os ganhos sociais.

Na condição de mero ritual burocrático, esse esforço com pretensão estratégica representa um desperdício, visto que despreza o produto estratégico semi-acabado[9] saído desse esforço. A eficiência e, principalmente, a eficácia, têm como fator de coerência o plano, não a direção estratégica.

Esses três elos são componentes essenciais da qualidade da gestão pública. Nenhum deles considerado isoladamente produz qualidade, por mais pleno que seja. A eficiência tem valor positivo se aplicada na produção de resultados que gerem os efeitos desejados. Sem ganho social ou efetiva contribuição a ela, não há resultado físico (obras, reuniões, congressos, treinamentos, pesquisas, publicações, compras etc.) e nem eficiência (racionalidade no uso do tempo, do dinheiro, do conhecimento, de instalações, de equipamentos) que faça sentido público.

Os gestores de todos os níveis de decisão têm planejado e avaliado os resultados dos seus planos expressos em termos de consecução de metas físicas e financeiras. É preciso ir além e fazer do efeito desses resultados referência imprescindível, avaliar e monitorar a qualidade da gestão e dos resultados intermediários e finais.

Uma transformação gerencial dessa dimensão não acontece por decreto, pois não se trata de determinar, mas de convencer. A ordem, mesmo legal, tem pouca chance de sucesso nesse caso. É mais uma questão de exercer influência, procurando mover e inspirar as pessoas no intuito de obter delas o máximo de cooperação, fruto de sua própria motivação. Isso requer uma verdadeira *exposição de motivos*, do líder da mudança para seus liderados, baseada no compromisso da palavra, respaldada no exemplo da prática.

Essa é a essência da cultura de excelência para o setor público e papel indelegável da alta administração.

A qualidade é o caminho, a excelência o destino.

A transformação gerencial proposta pelo GESPÚBLICA está alicerçada na estratégia do convencimento dos servidores públicos – gerentes e gerenciados – da necessidade de mudança dos valores e hábitos gerenciais, da necessidade da construção de uma nova gestão pública, em que a qualidade seja o caminho, a excelência o destino e o desafio a sua manutenção.

---

[9] Semi-acabado é o produto desse esforço, porque, via de regra, pára na formulação de algumas definições estratégicas (missão, visão de futuro etc.), sem chegar naquilo que realmente interessa: a trajetória estratégica para a organização.

Paulo Daniel Barreto Lima

O caminho da transformação tem por referência o Modelo de Excelência em Gestão Pública e por instrumento o sistema de avaliação continuada da gestão. A maior credencial do GESPÚBLICA é a sua trajetória de persistência e de visão do futuro.

2
O GESPÚBLICA no contexto das reformas administrativas

"Até o advento do GESPÚBLICA as reformas foram organizacionais-legais: criação, fusão, extinção de órgãos e entidades ordinárias e extraordinárias, e edição de leis, decretos e normas. Executadas com as mesmas pessoas e alicerçadas nos mesmos valores, essas reformas consumiram tempo, recurso e esforço para atingir dois resultados pífios: a manutenção dos problemas e a promoção pessoal dos reformadores, que, a propósito, não se reformaram."

Daniel
Brasília 15/1/2006

1. O *"locus"* das reformas no Brasil

A maioria das reformas da administração pública teve seu foco na estrutura organizacional do aparelho do Estado e nos instrumentos legais que definiram e criaram órgãos e entidades, planos, carreiras e rotinas. Não fosse o propósito declarado de algumas mudanças, muitas delas não passariam de simples reorganizações internas do aparelho do Estado.

Segundo Araújo e Vasconcelos, o foco predominante da chamada *Modernização Administrativa* tem sido mecanicista, com foco na mudança estrutural e de procedimentos administrativos, geralmente criando, acrescentando ou suprimindo cargos, órgãos e procedimentos. Esse enfoque explica, em grande parte, os fracassos das mudanças em relação aos objetivos pretendidos (Araújo e Vasconcelos, 1982).

À luz dos documentos legais, percebe-se um mudar constante do ambiente interno da administração pública: são mudanças relativas a pessoal, a estruturas de órgãos e entidades que pouco têm a ver com uma transformação dos valores e práticas do setor público, embora muitas delas declarem tais objetivos.

Em 1998, o Ministério da Administração Federal e Reforma do Estado editou uma brochura que contém a compilação de atos oficiais editados pelos diversos órgãos encarregados da Administração Pública, desde 1936 até 1998. Neste pequeno folheto de trinta e uma páginas são identificados setenta e três atos normativos (leis, decretos, decretos-leis, portarias e medidas provisórias) que dão uma idéia do *centro de gravidade* das reformas e das mudanças comandadas pelo órgão central da administração pública federal.

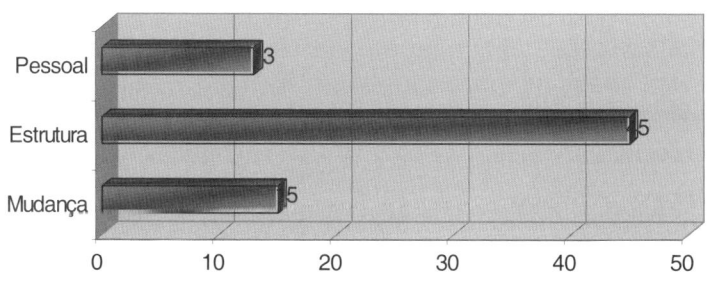

As treze mudanças relativas ao *quadro de pessoal e salários* (17,5%) compreendem reajustes dos quadros e dos vencimentos do pessoal civil, planos de classificação de cargos e estatutos dos funcionários. Não estão considerados neste item os atos relativos à capacitação e profissionalização dos servidores públicos, como, por exemplo, o Decreto nº 64.781, de 3 de julho de 1969 que institui o Programa Intensivo de Treinamento para a Reforma Administrativa.

No tema *estruturas organizacionais*, quarenta e cinco atos normativos (62,1% do total) dizem respeito a registro de criação, extinção, fusão e trocas das denominações dos órgãos e entidades da administração pública. Só o DASP é objeto de quatorze atos oficiais desde a sua criação até a sua extinção.

No tema *mudança* estão computados quinze atos legais (20,1%), cujo conteúdo sinaliza para alguma transformação além de planos de cargos e salários e de reestruturação organizacional. Nesses temas estão incluídos uma lei de 1936 e um decreto-lei de 1938 que, embora tratem do pessoal civil, representam uma mudança que envolve algo mais do que cargos e organogramas.

Pela proposta de mudança que apresentam, quatro dessas reformas merecem destaque: a reforma burocrática (36-38); a primeira simplificação burocrática (1956); a reforma desenvolvimentista (1967); e o Programa Nacional de Desburocratização (1979).

2. A reforma burocrática

Essa reforma representa um marco histórico da administração pública brasileira, e sua essência é a implantação da administração pública burocrática no Brasil.

Luciano Martins conta que "(...) em 1933, Vargas encarregou um importante diplomata, o embaixador Maurício Nabuco, da tarefa de estudar a reforma da administração pública. Três diretrizes principais foram propostas e apoiadas por Vargas, inspiradas no serviço público britânico[10]: crité-

---

[10] Sessenta e dois anos depois, os formuladores da reforma do aparelho do Estado também foram buscar inspiração no modelo britânico. Desta vez (1995) para a reforma chamada "gerencial" da administração pública.

rios profissionais para o ingresso no serviço público, desenvolvimento de carreiras e regras de promoção baseadas no mérito. (...) Entretanto, pressões populistas-clientelistas limitariam o escopo dessa ambiciosa reforma" (Martins, 1997).

Dois aspectos devem ser destacados na reforma de 1930: primeiro, por estar voltada para o processo, ou seja, para o modo de fazer as coisas, teve destaque o agente desse processo: o servidor público. Foi uma reforma com ênfase na política de recursos humanos. O Departamento Administrativo do Serviço Público – DASP – é o ícone desta reforma. O segundo aspecto refere-se ao peso dos valores arraigados tanto da própria administração pública (valores patrimonialistas) quanto do governo (práticas populistas) que fizeram com que, ainda hoje, se fale em reforma da administração pública que elimine esses valores e práticas.

Essa reforma definiu novos princípios e estabeleceu as bases para a mudança de cultura da administração pública. Representa, por isso, um marco referencial forte de reforma do aparelho do Estado voltada para a ruptura de valores culturais arraigados que determinam práticas desprezíveis como o clientelismo, o centralismo exagerado e o nepotismo. Para Luciano Martins, esta foi uma reforma importante:

> "A reforma modernizante mais importante das estruturas do Estado no Brasil data do final da década de 30, mas ela foi transformada, depois de pouco tempo, em um meio-termo entre a modernização e a síndrome cultural-populista. Estabeleceu-se, desde então, um padrão duplo persistente. Para os altos escalões foram adotados acessos mediante concurso, carreiras, promoção baseada em critérios de mérito e salários adequados. Para os níveis médio e inferior, a norma era admissão por indicação clientelista; as carreiras eram estabelecidas de forma imprecisa; o critério de promoção baseava-se no tempo de serviço e não no mérito; a erosão dos salários tornou-se intermitente" (Martins, 1997).

Embora exista uma versão leiga do termo burocracia, conseqüência das disfunções geradas pelo próprio exercício da administração burocrática, que significa excesso de controle, apego ao papel e aos arquivos, processos de decisão e de prestação de serviços extremamente lentos, a reforma burocrática, implantada na administração pública brasileira a partir do final da década de 30, significa eficiência, além de ser um marco referencial da ruptura com as práticas patrimonialistas vigentes plenamente até então.

São características da administração burocrática:
- a legalidade das normas e regulamentos;
- a formalidade das comunicações;
- a racionalidade da divisão do trabalho;
- a impessoalidade nas relações;
- a hierarquia de autoridade;
- a padronização das rotinas e procedimentos;
- a competência técnica;
- o reconhecimento do mérito;
- a profissionalização;
- a previsibilidade do funcionamento (Max Weber *apud* Chiavenato, 1993).

Todas as propostas de reforma modificaram aquilo que por lei é possível alterar e tais mudanças permaneceram até que outra lei as substituísse por outro parâmetro legal, às vezes novo, às vezes velho. Apenas a reforma burocrática transformou, pelo menos em parte, a cultura administrativa.

Somente a partir de 1990 começou timidamente a surgir um movimento de mudança que pouco a pouco veio adquirindo força para realizar uma transformação cultural e verdadeiramente capaz de ultrapassar o formalismo das leis e regulamentos, e de substituir valores e transformar comportamentos, gravando de forma indelével novas regras, não necessariamente escritas, que dessem ao país uma gestão pública de base técnica e política: refiro-me ao GESPÚBLICA.

3. A primeira simplificação burocrática

O primeiro registro oficial de uma preocupação da administração pública com o excesso de burocracia data de 1956 (Decreto nº 39.510 de 4 de julho de 1956). Por esse decreto, o Presidente Juscelino Kubitschek cria a Comissão de Simplificação Burocrática – COSB, com a finalidade de "promover a simplificação nas normas e rotinas administrativas, de modo a evitar a duplicidade de atribuições, excesso de pareceres e despachos interlocutórios".

Embora não proponha uma mudança direcionada objetivamente para o cidadão, é possível perceber nesse decreto uma relação, ainda que fraca, com a melhoria dos serviços e ações públicos direcionados ao cidadão na medida em que, simplificando os processos internos da administração pública, algum efeito positivo acaba sendo percebido pela sociedade ao receber um serviço público.

As atribuições conferidas à COSB, especificamente as relacionadas à simplificação, determinavam o seguinte:

No artigo 2º ao tratar das incumbências da Comissão:

a) estudar os meios de descentralização dos serviços mediante delegação de competência, fixação de responsabilidades e prestação de contas da autoridade, pela execução dos trabalhos que se acham sob a sua jurisdição;

b) promover medidas junto aos Ministérios quanto ao exame da situação atual das repartições e das rotinas que merecem providências imediatas de correção; (...).

No artigo 3º ao estabelecer os trabalhos preferenciais da Comissão:

a) simplificação de rotinas;

(...);

d) descentralização de execução (delegação de competência);

e) supressão de organismos inoperantes ou desnecessários.

Esse decreto, que não representou uma reforma de grandes dimensões, teve por objetivo tornar a burocracia mais eficiente, menos pesada para o cidadão, tanto no sentido de ser mais ágil na prestação dos serviços, pela via da racionalização de processos e delegação de competências, como no sentido de ser menos onerosa, ao tentar eliminar superposições e extinguir órgãos e entidades inoperantes ou desnecessários.

Mesmo assim, a exemplo das demais reformas, essa teria sido indutora de mudança de cultura e de atitude se à disposição de fazer decretos e criar comissões se agregasse igual disposição para transformar pessoas.

Taylor[11], no início deste século (1910), já fazia referência à importância da mudança de atitude mental: "A mudança, porém, na atitude mental e nos hábitos dos trezentos e muitos trabalhadores somente pode ser conseguida devagar e após séries de demonstrações concretas que, finalmente, esclareceram cada homem a respeito da grande vantagem que a eles adviria, cooperando espontaneamente com a administração" (Taylor, 1990).

De certa forma, a seqüência desses atos legais ao longo do tempo, principalmente pela repetição de propostas de mudança da administração pública, evidencia a permanência de certos problemas crônicos, resistentes, que não têm sido solucionados pela simples edição, em série, de instrumentos legais, na maioria das vezes limitados a alterar cargos e organogramas, dos quais surgem os conhecidos ministérios (ordinários e extraordinários), secretarias, comissões, conselhos e câmaras, cujo resultado tem sido uma sucessão de insucessos.

4. A reforma desenvolvimentista

A reforma de 1967[12] tem seu foco no Estado como um todo, mas carrega em seu bojo alterações consideráveis para a administração pública, pois interfere no sistema de ingresso no serviço público e redesenha a estrutura organizacional do Estado. É uma reforma que concebe novos modelos de instituições alicerçadas principalmente na autonomia gerencial.

Para Luciano Martins, foi "uma ambiciosa reforma das estruturas do Estado e dos procedimentos burocráticos, embora com resultados nem sempre esperados" (Martins, 1997).

Destacam-se no Decreto-lei 200/67 como principais aspectos da reforma da administração pública:

O desenho da estrutura organizacional: o Artigo 4º do referido decreto estabelece uma administração direta – presidência da repúbli-

---

[11] Taylor referia-se ao fato de que a mudança por ele proposta da administração empírica para a administração científica não se limitava ao estudo da velocidade adequada para realizar o trabalho e a remodelação de instrumentos e métodos na fábrica, mas também se referia à completa transformação da atitude mental dos homens, com relação ao seu trabalho e aos seus patrões.

[12] Decreto-lei nº 200, de 25 de fevereiro de 1967.

ca e ministérios – e uma administração indireta integrada por quatro categorias de entidades, dotadas de personalidade jurídica própria – as autarquias; as empresas públicas; as sociedades de economia mista; e as fundações públicas.

Mais do que estruturar a administração federal, a reforma de 1967 pressupõe um modelo de administração pública com maior flexibilidade e autonomia. "(...) a reforma modernizante implicou um tipo de divisão de trabalho entre agências e estruturas do Estado" (Martins, 1997).

Este artigo define uma administração direta, responsável pela formulação e controle das políticas públicas. Neste nível, o modelo de gestão não sofre grandes alterações, mantendo-se como uma administração tipicamente burocrática.

Estabelece uma administração indireta constituída de órgãos e entidades autônomos: as autarquias para a execução de serviços próprios da administração pública; as fundações para a execução de atividades que precisem ser necessariamente executadas pela administração pública; as empresas públicas e as sociedades de economia mista destinadas à exploração de atividades econômicas.

Sobre a descentralização: o artigo 10 estabelece ampla descentralização da administração pública federal.

A descentralização proposta pelo Decreto-lei 200/67 sinaliza, não apenas para um modelo de administração pública mais voltado para a formulação e para o controle, mas pressupõe um Estado mais forte para regular e orientar.

Para Luciano Martins, "as ações de descentralização funcional foram parcialmente desviadas de sua intenção original, a qual tinha dois objetivos: em primeiro lugar, contornar a rigidez das estruturas da administração direta e, em segundo lugar, introduzir o espírito gerencial privado na administração do setor paraestatal" (Martins, 1997).

Sobre a delegação: o artigo 11 trata da delegação de competência estabelecida como instrumento de descentralização administrativa, com o objetivo de assegurar maior rapidez e objetividade às decisões, situando-as na proximidade dos fatos, das pessoas ou dos problemas a atender.

Em relação ao controle, a Reforma de 1967 repete o modelo vigente até então e o reforça. O controle é nitidamente voltado para processo. Continuam em alta a prestação de contas, e o desempenho da responsabilidade legal e regulamentar.

Há uma referência ao **rendimento e à produtividade**, que parece ter-se aplicado mais às empresas públicas e às sociedades de economia mista, menos às fundações e autarquias e nada à administração direta. Mesmo que tenha conseguido um efeito temporário, ainda hoje o controle é interno. Todo o esforço está voltado para o controle legal do gasto público. A qualidade do resultado da ação ou do serviço prestado ainda não conta com um sistema de controle. Ao administrador público basta seguir burocraticamente o ciclo de utilização legal dos recursos. Comprar mil metros de canos e não utilizá-los, construir pontes sem acesso, estocar remédios em volumes impossíveis de serem consumidos nos prazos de validade não são ainda objeto de controle.

5. O Programa Nacional de Desburocratização

A primeira proposta clara de reorientação da administração pública e de deslocamento do *locus* das reformas para o espaço em que se dá o relacionamento da organização pública com o cidadão data de 1979, com a instituição do Programa Nacional de Desburocratização[13]. Nesse momento foi plantada a semente do atual Programa Nacional de Gestão Pública e Desburocratização – GESPÚBLICA, que após hibernar por quase uma década reapareceu no limiar dos anos 90.

Para o principal formulador deste Programa, era necessário "restabelecer na consciência dos administradores o conceito, às vezes esquecido, de que: serviço público significa servir ao público" (Beltrão, 1984).

Para Hélio Beltrão, "o Programa de Desburocratização não se destinava a aperfeiçoar o funcionamento da máquina administrativa. Pretendia

---

[13] Decreto nº 83.740, de 18 de julho de 1979.

garantir o respeito à dignidade e à credibilidade das pessoas e protegê-las contra a opressão burocrática. Fica assim evidenciada a dimensão política do Programa, isto é, sua plena inserção no processo de abertura democrática e sua inseparável vinculação à liberdade individual e aos direitos de cidadania" (Beltrão, 1984).

Hélio Beltrão, para quem *o centralismo burocrático* é o problema mais grave da administração pública brasileira, procura mostrar as origens dessa cultura centralizadora (Beltrão,1984).

"Esse processo centralizador, fruto de uma herança cultural, é realmente centenário e até certo ponto inconsciente. Para prová-lo, nada melhor do que transcrever palavras do eminente Visconde do Uruguai, notável estadista do Império que, em 1862 – isto é, há 121 anos – já denunciava, em termos candentes, o excesso de centralização: *tenha a palavra o Visconde:*"

"A centralização administrativa tende a multiplicar em demasia as rodas e as peças da máquina administrativa, os empregados, as comunicações hierárquicas do serviço, a papelada, a escrita, as dúvidas e as formalidades..."

"(...) um governo bem organizado não deve governar tudo diretamente... Há muitos assuntos nos quais a ação do interesse particular ou local é mais ativa, mais pronta, mais eficaz, mais econômica do que a do Governo..."

"A absorção da gerência de todos os interesses, ainda que secundários e locais, pelo Governo Central, mata a vida nas localidades, nada lhes deixa a fazer, perpetua nelas a indiferença e ignorância de seus negócios, fecha as portas da única escola em que a população pode aprender e habilitar-se praticamente para gerir negócios públicos..."

"A verdade é que o Brasil já nasceu rigorosamente centralizado e regulamentado. Desde o primeiro instante, tudo aqui aconteceu de cima para baixo e de trás para adiante. Quando Tomé de Souza desembarcou na Bahia em 1549, nomeado governador-geral pelo regime absolutista e centralizador vigente em Portugal, já trouxe consigo um "Regimento" pronto e acabado, elaborado em Lisboa, que representou na verdade a primeira Constituição do Brasil. Ainda não havia povo nem sociedade, mas já existia, pré-fabricado e imposto, de alto e de longe, o arcabouço administrativo que deveria moldar a ambos. Esse modelo passou a prevalecer.

A estrutura burocrática sempre precedeu e condicionou a organização social."

Segundo João Camilo de Oliveira Torres, "o fato realmente espantoso é que no Brasil o Estado precedeu fisicamente ao povo." Segundo Faoro: "desde o primeiro século de nossa história, a realidade se faz e se constrói com decretos, alvarás e ordens régias". Tristão de Athayde arremata: "Fomos um país formado às avessas, que teve Coroa antes de ter povo; parlamentarismo antes de eleições; escolas superiores antes de alfabetização; bancos antes de ter economias".

Apesar da orientação clara do Programa para o cidadão, o papel que foi reservado ao cidadão no processo de desburocratização foi passivo, de destinatário apenas dos eventuais benefícios do Programa. Ficou a cargo da inteligência da administração pública o papel de perceber os pontos negativos que pesam sobre o cidadão e de conceber a solução que, na sua opinião, fosse a melhor para ele (cidadão).

Nessa reforma, muda a administração pública, mas não muda, necessariamente, o cidadão. Não há mecanismos criados objetivamente para induzir o cidadão a mudar de atitude em seu relacionamento com o Estado.

O máximo de burocracia para o máximo de transparência e controle é um valor inconscientemente acariciado e preservado pelos agentes da administração pública – gerentes e gerenciados – e aceitos pelo cidadão na condição de destinatário dos serviços e da ação do Estado. O Programa Nacional de Desburocratização, apesar de ter reconhecido esse valor, não tratou de empreender a mudança para substituí-lo, e o resultado, passadas quase três décadas, foi o aumento descontrolado da carga burocrática e, conseqüentemente, das exigências desnecessárias.

6. O desafio das reformas: perenizar as boas práticas

Esta é uma rápida retrospectiva das várias ações vigorosas desenvolvidas no sentido de transformar a administração pública, dentre as quais se destaca o Programa Nacional de Desburocratização (1979). No entanto, ainda hoje persiste o problema da complicação burocrática, travando e dificultando a vida do cidadão. Ainda hoje não se cumpriu a transformação desejada por Hélio Beltrão – fazer de cada brasileiro um cidadão – (...) "hoje, como no Brasil colonial, em muitas áreas da Administração, o cidadão continua a ser tratado não como cidadão, mas como súdito" (Beltrão, 1984).

Não é possível afirmar que essas reformas foram um fracasso. Mas seguramente o sucesso que alcançaram desfez-se no tempo, provavelmente pela força de práticas arraigadas, de uma certa regularidade de comportamento reciprocamente aceito pelos agentes da administração pública de um lado e pelos cidadãos de outro.

O sucesso temporário dessas reformas voltadas para a simplificação, para a desburocratização, para o atendimento ao cidadão vistas numa perspectiva histórica, mais parecem mutirões que têm efeito grandioso, mas efêmero. A menos que se estabeleça um novo pacto e uma nova regularidade de comportamento de forma a eliminar as causas que permitem retrocessos, outros mutirões serão necessários e, às vezes, partindo de situações mais graves do que aquela do mutirão anterior.

Em um artigo no *Jornal do Brasil* de 5 de junho de 1997, Ian Muniz, sócio-diretor da Arthur Andersen Consultoria, refere-se à persistência desse problema burocrático imposto ao cidadão. Diz o Consultor:

"(...) uma outra forma de opressão[14], muito menos evidente, mas igualmente odiosa, grassava nos meios estatais brasileiros, que era a ditadura do burocrata. (...) Este era o país da firma reconhecida, da cópia autenticada, da certidão negativa de tributos, do atestado de residência, da lista de devedores da União (o que foi reiteradamente julgado inconstitucional pelo Poder Judiciário), onde se chegou ao cúmulo de exigir de um aposentado que apresentasse um atestado de vida para poder receber sua pensão (ainda que o próprio aparecesse *in loco*). Em suma, era o país em que o cidadão honesto e sofrido era considerado culpado até prova em contrário (e como era difícil provar sua inocência). (...) O Ministro Hélio Beltrao, juntamente com o

---

[14] O autor faz referência à opressão e à intolerância política da década de 70.

advogado João Geraldo Piquet Carneiro, realizou um trabalho primoroso, em que grande parte da acima mencionada opressão burocrática foi sumariamente eliminada, para tristeza dos saudosos buro-cratas, e, alegria do cidadão. (...) Noto, entretanto, com tristeza e perplexidade que pelo menos em um aspecto o país está caminhando como caranguejo. (...) Todas, praticamente todas, as conquistas realizadas pelo então ministro Hélio Beltrão foram sumariamente revogadas. Hoje, um cidadão honesto para conseguir fazer um registro público é obrigado a apresentar uma infindável lista de documentos (...)"

Uma reforma estável no tempo tem como fator crítico para o seu sucesso o atingimento e a consolidação da prática administrativa em um novo patamar. Tal meta poderá ser alcançada estabelecendo-se nova regularidade de comportamento, com capacidade de auto-reforçar-se na medida em que tanto os agentes públicos como a sociedade passem a esperar atitudes e resultados diferentes daqueles que esperam hoje. Do lado da organização pública a certeza de ser exigida e cobrada pela sociedade e, do lado do cidadão, a certeza de receber serviços de boa qualidade.

Sob esta perspectiva foi instituído, em maio de 1990, um subprograma para a qualidade no serviço público. Quinze anos se passaram e pode-se falar hoje de uma vigorosa política pública voltada para a mudança de valores do servidor público e dos cidadãos, como estratégia para a orientação do serviço público à produção de ganhos sociais efetivos.

3
RETROSPECTIVA: uma trajetória de persistência e de visão de futuro

"Um dia precisei dar um exemplo inquestionável sobre constância de propósito: apresentei o GESPÚBLICA".

Daniel
Brasília 25/6/1999

1. Dos processos ao sistema de gestão

Da qualidade total à excelência em gestão há uma trajetória de quinze anos de construção da estratégia de mudança da gestão pública brasileira, superior qualitativamente em relação às reformas administrativas anteriores sobre as quais se tem alguma informação.

Traços indeléveis e diferenciais dessa trajetória são o objeto e o espaço da mudança:

- os valores e as atitudes são o objeto da ação transformadora do GESPÚBLICA, não os organogramas e os cargos; estes vêm depois e subsidiariamente quando necessários; nessa trajetória as pessoas precedem as organizações, os valores e as atitudes, as normas e os regulamentos;

- o espaço de realização da ação é largo, estende-se das entranhas da administração pública até se encontrar com o cidadão em qualquer condição: usuário de serviços, contribuinte, destinatário de uma ação decorrente do poder do Estado ou controlador da gestão desse mesmo Estado.

A propósito, o trecho atual dessa trajetória de mudança tem o nome sonoro de GESPÚBLICA.

2. De 1990 a 1995: Qualidade e Produtividade na Administração Pública

Em 1990, o Governo criou o **Programa Brasileiro da Qualidade e Produtividade – PBQP**[15], cuja finalidade era sensibilizar e mobilizar o setor produtivo nacional para o desafio de um mundo em mudança, mais competitivo e mais exigente.

A instituição de um subprograma para o setor público foi resultado da imediata percepção pelos representantes do setor privado de que o

---

[15] Esse Programa foi extinto em fins de 2001 e no lugar dele foi criada uma organização não-governamental chamada Movimento Brasil Competitivo – MBC. O MBC não só incorporou o PBQP como ampliou seu escopo de promoção da competitividade e da gestão no Brasil.

Governo incentivava a qualidade nas empresas, mas não cuidava de aplicar a receita em sua própria casa.

Para os empresários, não se tratava apenas de implantar a qualidade na administração pública, mas de buscar uma garantia de que o Estado iria efetivamente contribuir para o aumento da competitividade global do país. Altos tributos e burocracia desnecessária, duas cargas extremamente pesadas, representavam – infelizmente ainda representam – um fator que estabelece um limite injusto ao aumento da competitividade brasileira.

O foco da qualidade na administração pública nesse período foi na mobilização dos servidores e na análise e melhoria de processos, com uso intensivo das *ferramentas da qualidade*.

Nesse período foram realizados cursos, palestras e seminários em profusão. No entanto, foram raros os casos de um programa eficaz em uma organização pública, exceção feita às empresas públicas e às sociedades de economia mista, que, pela natureza de suas atividades, não tinham outra alternativa[16].

Nesses seis primeiros anos, apesar do esforço de sensibilização e capacitação, não foi possível fazer do Subprograma da Qualidade e Produtividade na Administração Pública um instrumento de apoio às ações de reforma e modernização realizadas àquela época.

A explicação mais razoável e até certo ponto óbvia é a de que o projeto de uma gestão pública de qualidade, concebido e aprovado pelo Governo foi por ele mesmo desconsiderado.

Nasce aí uma indiferença da alta administração pública que não proíbe o desenvolvimento das ações, mas também não demanda por elas nem pelos seus resultados. A rede de modernização administrativa, com unidades em todos os Ministérios, atuou sem considerar que o Governo havia instituído um programa para dar qualidade e contemporaneidade à administração pública.

---

[16] Algumas empresas públicas e sociedades de economia mista e a Comissão Nacional de Energia Nuclear com ações e programas de Qualidade implementadas antes do advento do PBQP.

Excelência em Gestão Pública: a trajetória e a estratégia do GESPÚBLICA

As mudanças e reformas administrativas, apesar da proposta da qualidade, mantiveram-se fiéis ao velho paradigma: reforma se faz criando, fundindo e extinguindo organizações; editando leis, decretos e normas; alterando estruturas de cargos e mudando o nome do que permanece.

Outra característica desse período é que a estratégia de mobilizar e capacitar os servidores públicos – estratégia não só correta, mas necessária – acabou por gerar uma idéia equivocada da verdadeira finalidade do Programa.

Sem perceber, as ações da qualidade nas organizações se tornaram, de certa forma, um estímulo a posições corporativas, na medida em que faziam praticamente tudo girar em torno da valorização do servidor, distanciando-se, assim, da perspectiva do cidadão na condição de destinatário dos serviços e da ação do Estado.

> Uma vez, fui convidado para fazer uma palestra sobre planejamento estratégico e qualidade em uma autarquia federal. Por ocasião do convite, a presidente daquela organização pediu ênfase ao planejamento estratégico, colocando a gestão pela qualidade apenas como contexto da ação de planejamento.
>
> No dia da palestra, naquela visita de cortesia à direção da organização que ocorre minutos antes de iniciar o evento, a Presidente pediu para alterar o conteúdo da palestra, desta vez dizendo para falar apenas de planejamento estratégico, pois a qualidade, segundo ela, ia muito bem naquela organização. Segundo a Presidente, "os servidores têm feito as reuniões deles e muitos têm participado dos cursos oferecidos pelo programa".

Esse relato mostra como a alta administração das organizações públicas em geral via a qualidade: um programa que mobiliza e sensibiliza os servidores, oferece uma série de atividades e treinamentos que, não comprometendo as atividades de rotina, era, de maneira geral, bem-vinda. Este ponto de vista não deixa de representar uma forma de indiferença se considerarmos o propósito do Programa.

A qualidade não era vista, e ainda hoje em muitas organizações essa realidade não mudou, como uma forma ou estilo de gestão. Aquela presidente não entendia que planejamento, assim como direção, organização, coordenação e controle, devem ser executados de forma diferentes quando se fala em gestão pela qualidade.

A conclusão, até certo ponto óbvia, aponta para um Programa que atuou para si mesmo, não foi instrumento para nada. Nesse período, não há registro de que os programas de qualidade tenham sido considerados importantes nos processos de mudança, quer dos governos, quer dos órgãos e entidades públicos individualmente considerados.

3. De 1995 a 1998: qualidade e participação na administração pública

Neste período, a gestão pela qualidade na administração pública passa por uma revisão muito importante, em função das novas diretrizes para uma reforma da administração pública estabelecida no Plano Diretor da Reforma do Aparelho do Estado, divulgado em novembro de 1995. De acordo com o Plano Diretor, um dos objetivos daquela Reforma era:

> "Aumentar a governança do Estado, ou seja, sua capacidade administrativa de governar com efetividade e eficiência, voltando a ação dos serviços do Estado para o atendimento dos cidadãos" (Plano Diretor, 1995).

A Reforma do Aparelho do Estado, segundo o Plano, deve ser realizada em três dimensões: institucional-legal, cultural e gerencial.

A Reforma na dimensão institucional-legal não difere muito das reformas administrativas havidas no passado. Apesar de propor novos modelos de instituições públicas (as agências executivas e as organizações sociais), esta dimensão nada acrescentou em termos de transformação. A história da administração pública é testemunha de que não se resolvem problemas criando e extinguindo órgãos.

Excelência em Gestão Pública: a trajetória e a estratégia do GESPÚBLICA

A Reforma nas dimensões cultural e gerencial constituiu-se novidade em proposta de mudança da administração pública. Transformar atitudes, estabelecer novos referenciais da boa gestão pública, dentre eles o resultado e a satisfação do cidadão, são objetivos ausentes nas reformas anteriores – não nas exposições de motivo e nos discursos.

É importante destacar o *espírito da reforma* de 1995, sintetizado na expressão "administração gerencial". Além do significado de uma gestão não-burocratizada, mas de resultados eficientes e efetivos para o cidadão, a administração gerencial, na prática, foi uma tentativa de reprodução da reforma inglesa de Margaret Thatcher que, no Brasil, acabou sendo mais burocrática por ser mais normativa do que gerencial.

Em boa medida, o Plano Diretor da Reforma do Aparelho do Estado não conseguiu se livrar da herança formalista que objetivou modificar.

Os modelos institucionais de Organização Social – OS – e de Agência Executiva – AE – que se sustentariam por novos valores e hábitos de gestão ficaram no limite cartorial das qualificações legais e dos contratos burocráticos de gestão.

A verdadeira transformação não aconteceu porque a reforma se locupletou de burocracia e legalismo, mexeu nas organizações, mas não conseguiu construir instituições, elaborou regras contratuais mas não firmou compromissos de resultados, nem gerou capacidade e hábito de monitorá-los.

Um dos programas estabelecidos para a reforma nessas duas dimensões – cultural e de gestão – foi o Programa da Qualidade e Participação na Administração Pública. Pelo Plano Diretor, seria apenas um programa subsidiário, voltado para o servidor público de nível operacional, com o objetivo de fazë-lo atender bem as pessoas que buscavam as organizações públicas.

Ao longo do tempo, desde 1995 até hoje, a equipe que integra o Programa, não apenas os servidores da Coordenação Executiva, mas toda a rede de servidores que acreditam na proposta da qualidade, fez com que pouco a pouco os reformadores compreendessem a qualidade como um estilo e uma teoria de gestão e não apenas como uma técnica de mobilização para o bom atendimento.

A essa época, o PBQP, por sua vez, frente às novas diretrizes governamentais, promoveu profundas reformulações em suas orientações estratégicas.

Como resultado, pelo Decreto s/n°, de 9 de novembro de 1995, que reorganizou o Comitê Nacional do PBQP, o Governo estabeleceu que as ações do PBQP na área pública estariam subordinadas às diretrizes e orientações da Câmara da Reforma do Estado, e seriam coordenadas executivamente pelo Ministério da Administração Federal e Reforma do Estado – MARE (extinto em 1999).

O Subprograma Setorial da Qualidade na Administração Pública foi então reestruturado e passou a denominar-se *PROGRAMA DA QUALIDADE E PARTICIPAÇÃO NA ADMINISTRAÇÃO PÚBLICA – QPAP*.

O desafio dessa nova fase do Programa era torná-lo, efetivamente, um instrumento de transformação da gestão pública, orientando-a para resultados e para o cidadão.

Foi por volta do ano de 1997 que começou a surgir uma linha cada vez mais nítida de separação entre a gestão pública e a gestão privada, principalmente no espaço dos princípios, da essência que permite distinguir um setor do outro.

Dois fatores importantes contribuíram de forma decisiva para que a organização pública fosse, até certo ponto, grosseiramente igualada à organização privada, em se tratando de gestão:

1. a crença dos líderes e dos especialistas em qualidade do PBQP não estabelecia qualquer diferença essencial entre setor público e setor privado;
2. a Reforma do Aparelho do Estado – 1995 – fez a apologia da competência em gestão do setor privado e da incapacidade gerencial do setor público.

A preocupação com a qualidade no setor público nasceu por demanda do setor privado[17]. Essa demanda, aliada ao fato de que o setor privado detinha todo o conhecimento sobre qualidade e produtividade disponível à época, deu relativa autoridade aos líderes do PBQP para afirma-

---

[17] Ver item 2 deste capítulo.

rem, sem medo de errar, que princípios, métodos e técnicas da qualidade e produtividade aplicadas no setor privado seriam aplicáveis, sem retoques, no setor público.

Infelizmente essa conclusão apressada foi aceita como verdadeira. Ainda hoje é possível encontrar alguns defensores dessa tese, atualmente restrita àqueles cujo motivo principal não é a convicção, mas a necessidade de manter um precioso segmento de mercado.

Decorrente dessa premissa, desenvolveu-se um trabalho de convencer a todos de que serviço público tem cliente, tem lucro, tem mercado, tem acionistas etc. O mais grave, no entanto, não ficou por conta da terminologia em si, mas da tentativa de incorporar à gestão pública as mesmas práticas, sem retoques, da gestão privada para o relacionamento com os clientes, para a atuação no mercado, para a lucratividade.

Essa proposta de *privatização das práticas da gestão pública* não veio apenas do setor privado. Como se não bastasse, a Reforma do Aparelho do Estado (1995) fez apologia à competência gerencial do setor privado. Essa admiração pela competência privada dos reformadores brasileiros veio pelo modelo teórico que inspirou a reforma de 1995 – o gerencialismo (managerialism) e o exemplo prático de sua aplicação dado pela reforma inglesa, conduzida pela Primeira-Ministra Margaret Thatcher[18].

Estavam os reformadores querendo mudar demais a administração pública brasileira, estavam tentando tirar-lhe a essência, ou seja, fazer do serviço público algo parecido com o setor privado, mas que de forma alguma seria público.

A letra de um samba de Paulinho da Viola ilustra o propósito exagerado dessa mudança. Ao concordar que o samba precisava se atualizar, diz o compositor:

> *"Tá legal, eu aceito o argumento, mas não altere o samba tanto assim, é que a rapaziada está sentindo a falta do cavaco, do pandeiro e do tamborim".*

---

[18] Para a Senhora Thatcher, a consolidação da pretendida reforma somente se daria pela transferência de administradores privados para o setor público e pela formação ou adaptação dos servidores públicos na administração privada.

O sambista está dizendo que a mudança é possível, desde que não altere a essência do samba, simbolizada em sua letra pelo cavaco, o pandeiro e o tamborim.

Nesse período (1995 a 1998) a estratégia de atuação do Programa foi totalmente modificada. Com base nos mesmos objetivos da fase anterior e alicerçado nos mesmos princípios que lhe deram origem, o Programa da Qualidade e Participação na Administração Pública reorientou sua forma de agir, saiu da ênfase nas técnicas e ferramentas e passou a trabalhar objetivamente na dimensão institucional. O foco nos servidores e nos processos passou para as organizações e para o sistema de gestão.

As diretrizes que orientaram essa nova fase do Programa constituíram o primeiro termo de referência para a qualidade no setor público, aprovada pela Câmara da Reforma do Estado, em 26 de maio de 1996. Nesse termo estão apresentados os conceitos que ainda hoje orientam as ações do Programa.

O Programa, todavia, ainda carece de uma linha estratégica de ação clara que estimulasse e instrumentalizasse as organizações na direção da transformação gerencial desejada.

A mensagem do Programa era clara quanto aos propósitos para a administração pública, mas completamente indefinida quanto ao caminho a ser percorrido para atingir tais propósitos.

Estava claro para todos os colaboradores do QPAP àquela época (1996) que o Programa não poderia continuar falando em gestão por resultados, apresentando às organizações uma visão *ferramenteira*, baseada apenas em análise e melhoria de processos e solução de problemas. Essas técnicas e ferramentas, muito importantes e necessárias num processo de mudança, não são, todavia, suficientes para mudar valores, romper com práticas burocráticas e estabelecer novas regras de gestão pública.

Como resultado dessa preocupação e da compreensão clara de que era preciso sair do foco no processo, sem contudo menosprezá-lo, e passar para o foco na gestão como estratégia e fio condutor da mudança, começa a tomar forma a idéia de transpor para a administração pública o modelo de excelência em gestão, utilizado largamente pelo setor privado.

Nessa nova abordagem, as ferramentas e técnicas, tão comuns e características da Qualidade Total, passariam a ser acessórias num processo mais amplo e profundo de transformação do aparelho do Estado.

O primeiro passo concreto foi trabalhar junto à Fundação Prêmio Nacional da Qualidade para a criação de uma categoria "Administração Pública" no Prêmio Nacional da Qualidade – PNQ. Em dezembro de 1996 essa categoria foi criada e em 1997 seis organizações públicas candidataram-se ao Prêmio. Nenhuma organização foi premiada naquele ciclo, como também nos que se seguiram até hoje.

Em 1997, o Programa passa pela mudança mais importante de toda a sua história até hoje: desloca-se o foco de suas ações do processo para a gestão organizacional, do servidor para o cidadão-usuário dos serviços públicos.

O GESPÚBLICA torna-se uma política pública federativa

Esta segunda fase do Programa coloca-o no patamar de uma política pública para a gestão de órgãos e entidades públicos que três anos mais tarde, por volta de 2000, sobrepujaria o próprio Plano Diretor da Reforma do Aparelho do Estado.

Assume, assim, o GESPÚBLICA, os contornos de uma política pública federativa maior, porque trata da gestão em sua concepção essencial e pura, ou seja, independente do objeto gerenciado.

A esta altura do pensamento brasileiro sobre qualidade no setor público e sobre reforma do aparelho do Estado nas dimensões cultural e de gestão[19], a adoção de um modelo de gestão pública com características

---

[19] Essas dimensões foram colocadas pelo Plano Diretor da Reforma do Aparelho do Estado junto com uma terceira "institucional-legal" por meio das quais a Reforma deveria atuar. Naquele momento – 1996-1997 – a dimensão institucional-legal ocupava posição de destaque em relação às demais que, praticamente, se desenvolviam no vácuo das atenções da mudança voltadas para a reestruturação do aparelho do Estado. Este fato é relevante, pois mostra mais uma vez a força da tradição da administração pública que embora querendo fazer uma reforma profunda insiste na prática que leva a resultados rápidos, mas efêmeros (falar que o modelo é de instituição, mas que pressupõe mudança de cultura ou no mínimo de práticas gerenciais, sem as quais os modelos de instituições ficam sendo apenas mudanças de organogramas).

universais e explicado em linguagem própria da administração pública surgiu como o caminho natural sobre o qual se construiria toda a estratégia de atuação do QPAP.

> **Surge, nesta fase, a logomarca para o QPAP, utilizada nas ações de divulgação e marketing, contribuindo para a construção de um símbolo positivo para o Programa e, principalmente, para a administração pública.**

Ainda em 1997 foi redefinida toda a estratégia de implantação do Programa nas organizações, cuja essência passou a ser o ciclo de auto-avaliação e melhoria da gestão.

Esse ciclo de auto-avaliação e melhoria da gestão foi estabelecido tendo como referência os critérios de excelência da gestão utilizados em diversos países, inclusive no Brasil por várias empresas e pelo Prêmio Nacional da Qualidade.

Naquele ano, ainda, foi editado o Caderno MARE nº 4 com o Termo de Referência do Programa e com a primeira versão das instruções para adesão e implantação do Programa nas organizações, já tendo como base os critérios de excelência da gestão pública.

Para apoiar as organizações que viessem a aderir ao QPAP, foi editada a primeira versão do Instrumento de Avaliação da Gestão na Administração Pública.

Criou-se, para apoiar o Programa na sensibilização e preparação das organizações para adesão, uma rede de consultores, constituída de servidores públicos especialistas em alguma área da gestão pela Qualidade e conhecedores da administração pública que se dispõem voluntariamente e sem remuneração a trabalharem como facilitadores e multiplicadores do QPAP. Esta rede de consultores traduz, na prática, uma forma de participação desejada pelo Programa e explicitada em seu próprio nome.

O QPAP encerra 1997 com uma nova estratégia de atuação, com 28 servidores integrando a sua rede de consultores e com 8 organizações participantes.

Excelência em Gestão Pública: a trajetória e a estratégia do GESPÚBLICA

Definidas a estratégia de atuação do Programa e a forma de apoio às organizações, foi preciso pensar uma forma de mobilizar as organizações para adesão, ou seja, para estabelecerem ciclos contínuos de melhoria e aprendizagem baseados na auto-avaliação.

A ação de mobilização estabelecida foi o reconhecimento e a premiação de organizações que demonstrassem bom desempenho gerencial e organizacional de acordo com os parâmetros estabelecidos pelos critérios de excelência em gestão pública.

> No dia 3 de março de 1998, foi lançado o Prêmio Qualidade do Governo Federal – PQGF e abertas as inscrições para o primeiro ciclo de reconhecimento e premiação: Ciclo 1998.

Os primeiros resultados foram alvissareiros e demonstraram que o Programa estava no rumo certo: já em seu primeiro ciclo, o PQGF recebeu 53 candidaturas, formou uma banca de 265 examinadores (que contribuíram, em conjunto, com aproximadamente 21.000 horas de análise de relatórios de gestão) e alavancou 86 adesões ao QPAP.

Em plena fase de implantação dessas estratégias, o Programa Brasileiro de Qualidade e Produtividade – PBQP passa, também, por uma reestruturação e estabelece como estratégia de atuação, em maio de 1998, 13 metas mobilizadoras nacionais, das quais uma era voltada para a Administração Pública.

> Em sua versão inicial, a meta mobilizadora lançava o desafio para o QPAP de "elevar a satisfação dos usuários da administração pública a uma taxa de 10% ao ano, até 2003, visando a alcançar, no mínimo, 70% de satisfação".

Esta meta fez com que o Programa passasse a se preocupar mais objetivamente com a melhoria da satisfação dos usuários da administração pública, e em medir o nível dessa satisfação. Apesar de terem sido realizados seminários e reuniões para a definição de ações nesse sentido, nada aconteceu até o início de 1999.

Em 23 de setembro de 1998, foi realizada a Cerimônia de Premiação referente ao Ciclo 1998 do PQGF para entrega das placas e certificados às 13 organizações reconhecidas: 1 na faixa ouro; 7 na faixa prata e 5 na faixa bronze. Participaram da cerimônia o Presidente da República, a maioria dos Ministros de Estado e 450 participantes. A NBR (rede de TV a cabo do Governo) transmitiu o evento para todo o país.

Em 1998, o Programa atingiu o número de 112 adesões e se instrumentalizou para apoiar as organizações no processo de auto-avaliação e melhoria da gestão.

Nesse sentido, além da ampliação e do fortalecimento da rede de consultores, o Programa descentralizou a sua coordenação, criando os dois primeiros núcleos regionais do QPAP, o primeiro em Natal (ancorado na Delegacia Federal de Agricultura no Rio Grande do Norte) e o segundo no Rio de Janeiro (ancorado no Instituto Nacional da Propriedade Industrial – INPI).

Apesar de ser o único programa focado nas dimensões de gestão e cultural, e de ter sido reorientado para este fim, o Programa, nessa época, não foi considerado como um programa prioritário da Reforma, já que houve uma ênfase muito forte na dimensão institucional-legal em detrimento da mudança cultural e gerencial.

É importante observar que os modelos institucionais preconizavam novos valores e práticas gerenciais que não acontecem pela via legal (emendas constitucionais, decretos e portarias), e, no entanto, os reformadores investiram pesadamente na dimensão legal, relegando a um segundo plano a dimensão que efetivamente faria a diferença ao serem implementados os novos modelos preconizados pelo Plano Diretor. Em conseqüência disso, o QPAP não conseguiu uma boa articulação com os demais programas da Reforma, em especial com os projetos de Agências Executivas, de Organizações Sociais e de Controle de Gastos.

4. De 1999 a 2004: Qualidade no Serviço Público – PQSP

Em 1999 foi extinto o Ministério da Administração Federal e Reforma do Estado, e o comando da Reforma do Aparelho do Estado passou para o Ministério do Planejamento, Orçamento e Gestão que a abandonou completamente.

No início houve tentativas de mudança de nome como convém à burocracia desnecessária: de reforma para transformação, com o argumento de que transformar é muito mais do que reformar. Depois foi feito um esforço para explicar que a reforma era uma fase concluída e que estava sendo substituída por uma segunda fase: o PPA.

Naquele ano toda a estratégia da Reforma foi reavaliada, alguns projetos perderam sua ênfase, coincidentemente aqueles relacionados à dimensão institucional-legal. Passaram a ter relevância os programas ligados à tecnologia de gestão e à qualidade dos serviços prestados ao cidadão, incluindo-se aí, o ressurgimento do Programa Nacional de Desburocratização, formalizado no Decreto nº 3.335, de 11 de janeiro de 2000, que institui uma rede de comitês do Programa. Esse é mais um caso de legalismo, estrutura e resultados pouco significativos.

Em meio às transformações do processo de Reforma, o QPAP é fortemente impactado: as metas esperadas não foram atingidas, o número de adesões não chegou a duas centenas, as candidaturas ao Prêmio diminuíram quando se esperava um aumento em torno de 30%.

Apenas mais dois núcleos regionais foram instalados: em Florianópolis (tendo como organização-âncora a Diretoria Regional dos Correios) e em São Paulo (tendo como organização-âncora o CEPAM – Centro de Estudos e Planejamento de Administração Municipal).

Mesmo assim, o Programa logra alguns ganhos importantes em termos de ampliação de sua atuação:

- em extensão – o QPAP passa a receber adesões de organizações públicas dos poderes Legislativo e Judiciário e dos níveis estadual e municipal de governo, rompendo, assim, uma barreira histórica em relação à articulação com organizações públicas fora do Executivo Federal;

- em conteúdo – em função da Meta Mobilizadora Nacional e da revisão do Plano Plurianual para o período 2000-2003, que resultou no Plano Avança Brasil, o programa passou a contar com ações voltadas para o estabelecimento de padrões de atendimento ao cidadão, de recursos e parcerias para a implantação de unidades de atendimento integrado e de avaliação de satisfação de usuários de serviços públicos.

Em 2000, o Programa tem seu nome alterado pela segunda vez, para ser mais coerente com a idéia de um programa geral para a administração pública e de um instrumento de orientação do setor público para o seu ambiente externo, onde está o cidadão, optando-se pelo nome *Programa da Qualidade no Serviço Público – PQSP*.

> **Nesse ano de 2000 é feita uma reprogramação da comunicação visual do Programa, são editados folders em cor predominantemente azul e a logomarca perde a sua dimensão de profundidade e recebe o nome do Programa.**

Pelo próprio nome, o Programa passa a apontar para um referencial externo, o serviço prestado, e deixa de fazer referência histórica à mudança interna, assinalada pela palavra "participação", significando o foco no envolvimento dos servidores para a melhoria dos processos. Acontece de forma mais evidente e prática o que Luciano Martins já havia percebido anteriormente como uma tendência clara nos debates sobre a proposta de reforma:

> "(...) debate-se uma proposta de reforma do aparelho de Estado que reformula profundamente sua herança varguista, com o objetivo de conferir maior agilidade e eficácia às ações do Estado, deslocando o debate em termos de "direitos do servidor público" para o compromisso público com os "direitos do cidadão" e, conseqüentemente, com a melhoria efetiva dos serviços prestados ou assegurados pelo Estado" (Martins, 1997).

Melhorar a qualidade dos serviços prestados ao cidadão e, ao mesmo tempo, tornar o cidadão mais exigente em relação aos serviços públicos a que tem direito são o grande desafio da qualidade na administração pública e o foco de sua atuação estabelecido no Plano Plurianual – Avança Brasil – 2000/2003.

Nesse sentido, o Programa da Qualidade no Serviço Público se apresenta como poderoso instrumento da cidadania, conduzindo cidadãos e agentes públicos ao exercício prático de uma administração pública participativa, transparente, orientada para resultados e preparada para responder às demandas sociais.

> Em meados de 2001, com a mudança do titular da Secretaria de Gestão, o Programa da Qualidade no Serviço Público volta a utilizar sua logomarca na sua concepção original.
> Na verdade essa marca se manteve intacta na maioria dos núcleos regionais do Programa.

No final de 2001, o Programa da Qualidade no Serviço Público contava com aproximadamente 1.000 adesões e estava representado em 20 Estados da Federação por seus núcleos regionais e por sua Rede Nacional de Consultores *ad hoc*.

Apesar dos ganhos desse período, o PQSP enfrentou naquela quadra da sua trajetória as ameaças mais graves, a ponto da equipe desejar voltar à fase anterior (1995-1999), caracterizada pela desimportância e pela indiferença, por representar, aquela fase, uma forma de trégua para repor forças e tentar sobreviver.

Dentre tais ameaças é importante registrar a rejeição ostensiva à autoavaliação; a rejeição à dimensão nacional do Programa; o desembarque de consultores bem pagos e despreparados para fazerem o que a equipe do Programa poderia ter feito; a dispensa de servidores motivados e competentes e a obstrução à realização das cerimônias anuais do Prêmio Nacional da Gestão Pública[20].

Nesse período tornou-se evidente a força do voluntariado que sustentou o Programa quase que clandestinamente, mantendo-o ativo apesar daqueles que em diferentes alturas da hierarquia a qual se subordinava o PQSP, não mediram esforços para interromper sua trajetória.

---

[20] O que não impediu que mesmo contrariados com a realização das cerimônias com elas se locupletassem em trocas mútuas de elogios espalhados pelos discursos.

Eram fatores como motivação e força contrárias aos objetivos do Programa. Felizmente essa motivação e força não foram suficientes para enfrentar com êxito a motivação, a força e a *teimosia*, às vezes até meio irreverente, dessa rede nacional de voluntários que tem apoiado as ações da qualidade na gestão pública.

5. O GESPÚBLICA hoje

Hoje é um dia que amanheceu em 2004 e chega a 2005 com a luz do sol do meio-dia. Não que os problemas tenham desaparecido, mas porque o ambiente no qual o Programa se movimenta deixou de ser tão ameaçador.

Tal alteração das condições de execução do Programa permitiu a sua sua reestruturação, tanto em termos de funções, principalmente pela fusão com a Desburocratização, como em termos de governança, com o redesenho do modelo de gestão do qual faz parte um comitê gestor integrado por organizações efetivamente engajadas com as ações voltadas para a qualidade da gestão e para a desburocratização.

Essa reestruturação resultou no Decreto nº 5.378, de 23 de fevereiro de 2005, que instituiu o Programa Nacional de Gestão Pública e Desburocratização – GESPÚBLICA.

Essa trajetória do GESPÚBLICA expressa, no dizer de Hélio Beltrão, o propósito de "vender ao povo brasileiro a revolução que ele deseja comprar: a saudável revolução do retorno à simplicidade e à confiança; a revolução das soluções ditadas pelo bom senso e pelo respeito à dignidade do homem, cuja existência constitui a razão de ser do Estado" (Beltrão, 2002).

4
Excelência em Gestão Pública

"É comum ouvir-se de autoridades públicas que seus governos têm feito um 'esforço muito grande', que não têm 'medido esforço' para conseguir resolver este ou aquele problema para melhorar esta ou aquela situação. Infelizmente vão continuar fazendo muito esforço sem resultado convincente, a menos que enfrentem técnica e politicamente a incapacidade gerencial generalizada."

Daniel
Manaus 13/5/2005

1. O Modelo de Excelência em Gestão Pública

1.1 Origem: a exaustão do modelo burocrático

O desafio do Estado e dos sucessivos governos que o colocam em movimento é, antes de tudo, um desafio de natureza gerencial, pois quanto maiores forem as demandas sociais e menores os recursos para atendê-las, mais capacidade de gestão será exigida.

A mudança de foco da administração pública pretendida pelo GESPÚBLICA é de fácil compreensão, porém de difícil implementação. Essa dificuldade reside na essência da mudança, constituída de dois elementos, cuja reversão ou substituição requerem operação complexa e de resultados atingíveis somente a longo prazo. Esses elementos são a cultura burocrática e o apego ao poder.

O primeiro elemento: a cultura burocrática é um traço indelével que, até onde a vista alcança, tem marcado a história da administração pública brasileira.

É uma administração desconfiada, legalista, escapista, ao mesmo tempo irreverente e cordial.

Tais características se fortalecem e se desenvolvem num ciclo que desconfia (todo mundo é desonesto, salvo prova em contrário), e por isso precisa controlar. Hélio Beltrão refere-se à *mórbida presunção de desconfiança* (Beltrão, 2002).

O controle na gestão pela qualidade, necessário à prestação de contas e à publicidade é o controle do monitoramento e da avaliação – realizado, respectivamente, durante e após a execução de uma atividade ou de um plano ou programa.

Ao contrário, o controle exercido atualmente tem origem na desconfiança e nutre-se de um legalismo inócuo para a administração pública, mas generosamente profícuo para aqueles administradores que necessitam de espaço legal confuso.

Nesse emaranhado de leis, normas e regulamentos frutifica o mercado dos especialistas em burocracia e dos entendidos em disposições em contrário que conseguem defender o indefensável e afrontar o bom senso.

Tal situação configura um ciclo de *"pioria*[21] contínua" do processo decisório e da qualidade dos serviços prestados à sociedade.

Conseqüência natural desse *"imbróglio legal"* é o escapismo que por se ter tornado um valor, envolve os bem e os mal-intencionados administradores públicos: são dispensas de licitações fundamentadas em interpretações espúrias – tanto da lei quanto da realidade; são leis e decretos editados para criar atalhos, para amparar soluções paliativas; são, enfim, formas de escapar de um preceito legal, *legalmente*.

O segundo elemento – apego ao poder – não é, seguramente, uma especificidade brasileira, mas, quando se fala em melhoria da gestão pública, não pode ser deixado de lado. É preciso estar ciente de que não se fará mudança significativa e essencial na administração pública brasileira sem tocar no poder que os cargos públicos, eletivos ou não, possibilitam aos seus ocupantes.

Tal mudança é, portanto, de natureza política, a gestão técnica não basta. Hélio Beltrão, referindo-se à desburocratização, afirmou: "Não pode", a desburocratização, "ser confundida, portanto, com projetos de *"racionalização"*, que constituem proposições confinadas ao campo técnico, destinadas a aumentar a eficácia da administração." Desburocratizar implica modificar a própria estrutura do poder e a forma pela qual ele é exercido" (Beltrão, 2002).

A compreensão da dupla natureza – técnica e política – da mudança proposta pelo GESPÚBLICA fez com que se chegasse a um modelo de gestão pública no qual a eficiência e a eficácia administrativas fossem parte de uma cadeia cujo elo final fosse a efetividade traduzida em ganhos sociais.

Em 1997, o Programa apresentou com exclusividade ao setor público brasileiro o Modelo de Excelência em Gestão Pública, concebido a partir dos critérios de excelência utilizados no Brasil e em diversos países e que representavam o *"estado da arte"* da gestão contemporânea.

---

[21] Esta palavra não existe, mas a utilizei para chamar a atenção à doença paralisante e progressiva da administração pública que produz regulamentos desreguladamente a ponto de "entupir" os canais da comunicação hierárquica e de degradar a decisão.

Àquela época (1997), o Modelo apresentado já continha as primeiras alterações em relação aos modelos que lhe deram origem.

Tais alterações não foram *concessões* à gestão pública. Em hipótese alguma se cogitou abrandar requisitos para "acomodar" leis e normas burocratizadas que pesavam e ainda pesam sobre os órgãos e entidades públicos por exigirem o desnecessário e, por isso, irritarem o cidadão e emperrarem a prestação de contas.

Enquanto tais *equívocos legais* vigorarem, os órgãos e entidades por eles atingidos pagarão o preço do "atraso gerencial" promovido pela administração pública.

Agir de forma diferente seria promover a gestão das organizações, com a desculpa de que não fazem melhor porque as leis e as decisões superiores não permitem, e, ao mesmo tempo, condenar o cidadão a continuar recebendo maus serviços, sob a alegação de que as leis não permitem fazer melhor.

O GESPÚBLICA é, em síntese, esse novo modelo de gestão, cujo propósito é contribuir para a qualidade dos serviços e para a geração de ganhos sociais.

Os centros práticos da ação do GESPÚBLICA são os órgãos e entidades públicos, as políticas públicas – governos e a administração pública – do Estado.

1.2 A diferença específica: ser público

Quando se fala de um modelo de gestão pública baseado em critérios de excelência de gestão, faz-se referência a dois aspectos essenciais sob os quais se fundamenta o modelo público:

- o primeiro aspecto é técnico, diz respeito ao "desenho" do sistema de gestão e à sua base conceitual;
- o segundo aspecto é institucional, diz respeito à natureza das organizações sobre as quais se deseja aplicar o modelo.

Sob o aspecto *técnico,* o modelo de gestão pública é fiel aos modelos nacionais e internacionais, utilizados tanto pelo setor privado como pelo setor público. Esse alinhamento técnico do modelo de gestão pública brasileiro lhe confere a capacidade de estabelecer comparações entre organizações ou práticas gerenciais, além de viabilizar a troca de experiências, quase sem fronteiras, entre países e organizações que têm modelos similares como referência.

Sob o aspecto *institucional,* o modelo de gestão é revestido de terminologia e conceitos próprios da administração pública. Esse aspecto estabelece o limite máximo da aproximação entre as práticas de gestão dos setores público e privado. Tal limite define o espaço da plena interação e compartilhamento de tecnologias, conceitos, práticas, métodos e experiências, mas, ao mesmo tempo, preserva o espaço próprio do ser público, da sua propriedade essencial que lhe faz diferente, sendo um órgão ou entidade público e não outra coisa. Nesse espaço nada se move, sob pena de deixar de ser o que é.

Não se trata de *abrandar* requisitos, mas de identificar aquilo que, apesar da lei, deve ser considerado quando se quer definir uma boa gestão pública. Não é, portanto, por motivos legais que a administração pública precisa ser diferente – o Estado tem poder para mudar a lei – mas por motivos essenciais, definidores da natureza pública das organizações assim consideradas.

Essa essência se traduz em princípios gerais e inegociáveis a partir dos quais é possível definir parâmetros válidos para avaliar a qualidade da gestão pública. A falta de apenas um desses princípios em qualquer sistema de gestão faz dele qualquer coisa, menos um sistema de gestão pública.

Esses princípios não são leis, normas ou técnicas, são valores que precisam ser paulatinamente internalizados até se tornarem definidores da gestão de um órgão ou entidade público.

A excelência em gestão pública é um padrão superior de gestão se comparado ao melhor padrão gerencial contemporâneo, sem, no entanto, alterar a sua natureza pública. Parte da premissa que por si só expressa o maior de todos os fundamentos: ser uma gestão excelente sem deixar de ser pública.

Dessa forma, os princípios da gestão pública são elementos da essência do *ser público* complementados por características definidoras da excelência na gestão contemporânea. Juntos, princípios e características definem o que se entende hoje por excelência em gestão pública.

Para a maioria das organizações públicas, algumas ou todas essas características e mesmo alguns princípios ainda não são nem uma coisa nem outra, porque ainda não são valores, são objetivos apenas, e como tais fazem parte de uma visão futura da prática de gestão, tornar-se-ão gradativamente hábitos e, por fim, valores inerentes à cultura organizacional.

Os princípios são constitucionais e, portanto, próprios da natureza pública das organizações.

As práticas de gestão coerentes com as características do modelo universal que a organização pública não tem, mas deveria ter, lhe são exigidas, mesmo estando fora de sua autonomia.

Exemplos estão na gestão de pessoas e no processo de compras. Nesses casos, a organização pública, individualmente considerada, será mal-avaliada em função dessa condição externa e geral da administração pública, que precisa mudar.

Essas são oportunidades de melhoria da macro-organização pública e requerem mudanças mais amplas e profundas. Nestes casos, não é o modelo que tem que ser adaptado, é a prática da gestão pública que precisa mudar. Este é o espaço bem definido de transformação da gestão pública.

Há casos, todavia, inversos, em que o modelo universal precisa ser adaptado para se tornar aplicável à administração pública, pois se trata de algo que diz respeito à natureza pública do órgão ou entidade. Exemplo é a questão do lucro[22] – enquanto no setor privado o lucro é financeiro e um indicador de sucesso, no setor público o lucro tem que ser social, e é o único indicador de sucesso aceitável.

2. Ser excelente sem deixar de ser público: uma questão de princípios

Ainda por influência do setor privado, o setor público tenta aproximar-se além do necessário das características que definem a gestão privada de classe mundial, ameaçando, às vezes, sua natureza pública.

---

[22] Exceto na gestão de algumas empresas públicas e das sociedades de economia mista.

O conteúdo apresentado a seguir não considera os atuais "fundamentos" do Modelo de Excelência em Gestão Pública preconizados pelo GESPÚBLICA. Apresenta, sim, uma releitura desses fundamentos com o objetivo de depurá-los de forma a dar maior consistência pública ao modelo de referência em gestão.

O primeiro aspecto é deixar clara a divisão dos *ditos fundamentos* em princípios – gerais e inegociáveis, porque princípios constitucionais – e características necessárias para que o sistema de gestão público se mantenha alinhado à gestão contemporânea e, principalmente, não perca a comparabilidade universal, mesmo sendo de natureza pública.

Os princípios não são leis nem normas; são elementos definidores da natureza da gestão pública. Suprimido um deles, diante da sociedade brasileira e da Constituição, tem-se uma administração qualquer, eventualmente até melhor, mas não pública.

Por serem essenciais, são mais estáveis no tempo e sempre serão expressões da sociedade a respeito da administração pública do país.

Este argumento determina que a concepção de um modelo de excelência em gestão pública válido deve estar rigorosamente fundada nos princípios constitucionais da adminstração pública e no Direito Administrativo.

Por serem princípios e não leis e regulamentos, tais princípios devem permear todos os atos e fatos da administração pública que deve ser legal, pública, impessoal, moral, eficiente e dirigida, direta ou indiretamente, à geração do bem-comum e ao aumento contínuo dos ganhos sociais.

Princípios da excelência em gestão pública

Publicidade · Impessoalidade · Legalidade · Princípios - essência do ser público - · Excelência dirigida ao cidadão · Eficiência · Moralidade

2.1 Excelência dirigida ao cidadão

A excelência em gestão pública pressupõe atenção prioritária ao cidadão e à sociedade na condição de usuários do serviço público de destinatários da ação decorrente do poder de Estado[23] e de mantenedores do Estado.

Dimensão importante e imprescindível deste princípio é o "controle social". A excelência dirigida ao cidadão pressupõe participação ativa deste e da sociedade. Tal participação envolve fundamentalmente a atuação direta na formulação e execução das políticas públicas, o controle da qualidade do gasto público e a avaliação da qualidade dos serviços públicos prestados.

O controle social não é função da administração pública, quanto menos intervenção dela, melhor. Cabe, no entanto, aos órgãos e entidades e aos governos induzirem a prática do controle social efetivo, não apenas aquele exercido por ocasião das eleições, no campo da democracia formal e obrigatória. O controle social efetivo é espontâneo e acontece pela prática cotidiana da democracia.

Este princípio envolve não apenas o cidadão individualmente considerado, mas todas as formas pelas quais se faça representar: empresas, associações, igrejas, clubes, representações comunitárias e outras.

O princípio da excelência dirigida ao cidadão é o princípio de maior extensão na medida em que dá sentido e direção aos princípios constitucionais da administração pública estabelecidos no Artigo 37 da Constituição Federal[24].

Este princípio ultrapassa o campo organizacional, na medida em que determina o acesso universal, sem distinções aos serviços públicos. É pre-

---

[23] Embora quando se fale de serviço público entenda-se, também, como relacionamentos da administração pública com a sociedade em termos de exigência e cobrança de compromissos do cidadão com o Estado, é importante que em alguns momentos se destaque essa diferença específica da administração pública.

[24] A administração pública direta e indireta, de qualquer dos Poderes da União, dos Estados, do Distrito Federal e dos Municípios, obedecerá aos princípios de legalidade, impessoalidade, moralidade, publicidade e eficiência (...)"

ciso observar o descumprimento deste princípio, apesar de um ou outro órgão ou entidade cumprirem com excelência sua missão institucional.

Isso se dá em nível de governo quando cria "ilhas de excelência" que servem a um determinado universo de pessoas, mas que deixam de servir, pelo não atendimento, a um universo igual ou maior de pessoas. A falta de Estado é não-qualidade na gestão de políticas públicas, um desafio a ser vencido no campo governamental.

Na maioria das vezes essa não-obediência ao princípio da excelência dirigida ao cidadão não é decorrente da falta de rescurso, mas de baixa capacidade política, de resquícios patrimonialistas, de *"insensibilidade burocrática*[25]*"* e deficiência gerencial.

2.2 Legalidade

O princípio da legalidade diz respeito à estrita obediência à lei.

Diferentemente do setor privado, que pode fazer tudo que a lei não proíbe, o setor público só pode fazer o que é determinado por lei.

Por esse princípio não é possível ser excelente à revelia da lei. Aos governos e aos órgãos e entidades públicos cabe buscar o apoio possível nas leis estabelecidas para melhorar a boa gestão e definir novas leis quando as vigentes apresentam obstáculos intransponíveis à gestão de excelência.

2.3 Moralidade

Pautar a gestão pública por um código moral. Não se trata de ética (no sentido de princípios individuais, de foro íntimo), mas de princípios morais de aceitação pública.

2.4 Impessoalidade

A excelência em gestão pública é para todos, não admite tratamento diferenciado a não ser para os casos específicos tratados em lei.

A cortesia, a rapidez no atendimento, a confiabilidade e o conforto são valores de um serviço público de qualidade e devem ser agregados a todos os cidadãos indistintamente.

---

[25] Hélio Beltrão, 2002.

Práticas de gestão voltadas para a fidelização de clientes – identificação e tratamento diferenciado de clientes muito importantes – são, no setor público, ilegais, discricionárias e antidemocráticas.

Segundo Hélio Beltrão, *"todos são iguais perante a burocracia"* (Beltrão, 2002). Isto significa que, independentemente da qualidade maior ou menor, das exigências necessárias ou desnecessárias, todos devem ser exigidos e atendidos da mesma maneira.

2.5 Publicidade

Este princípio determina que todos os atos e fatos da administração pública são públicos. Os casos em que este princípio não seja aplicável precisam estar estabelecidos em lei.

Este princípio é crítico para indução do controle social. Por si só, a publicidade não garante o controle social, mas, sem ele, os obstáculos podem chegar ao limite do intransponível.

2.6 Eficiência

O princípio da eficiência no campo constitucional é um conceito bem mais amplo e complexo do que o seu similar no campo da Ciência da Administração.

A eficiência como princípio, no campo do direito constitucional administrativo, só é válida se aplicada a ações e atividades que gerem ou contribuam para o bem comum.

Não se trata de reduzir o custo a qualquer custo, muito menos de fazer qualidade a qualquer custo. Trata-se, isso sim, de produzir resultado que seja consequência da melhor relação entre qualidade do resultado e a qualidade do gasto para produzi-lo.

3. Características contemporâneas da Excelência em Gestão

Definido com clareza o espaço próprio no qual existe e se move a administração pública, expresso pelos princípios constitucionais e seus desdobramentos, principalmente no campo do Direito Administrativo, é possível concluir afirmativamente que a gestão pública brasileira pode ter as mesmas características que definem a gestão de excelência do setor privado contemporâneo e que, pelo mesmo motivo, a qualidade e o desempenho do sistema de gestão preconizados pelo GESPÚBLICA são comparáveis universalmente.

Características contemporâneas da excelência em gestão

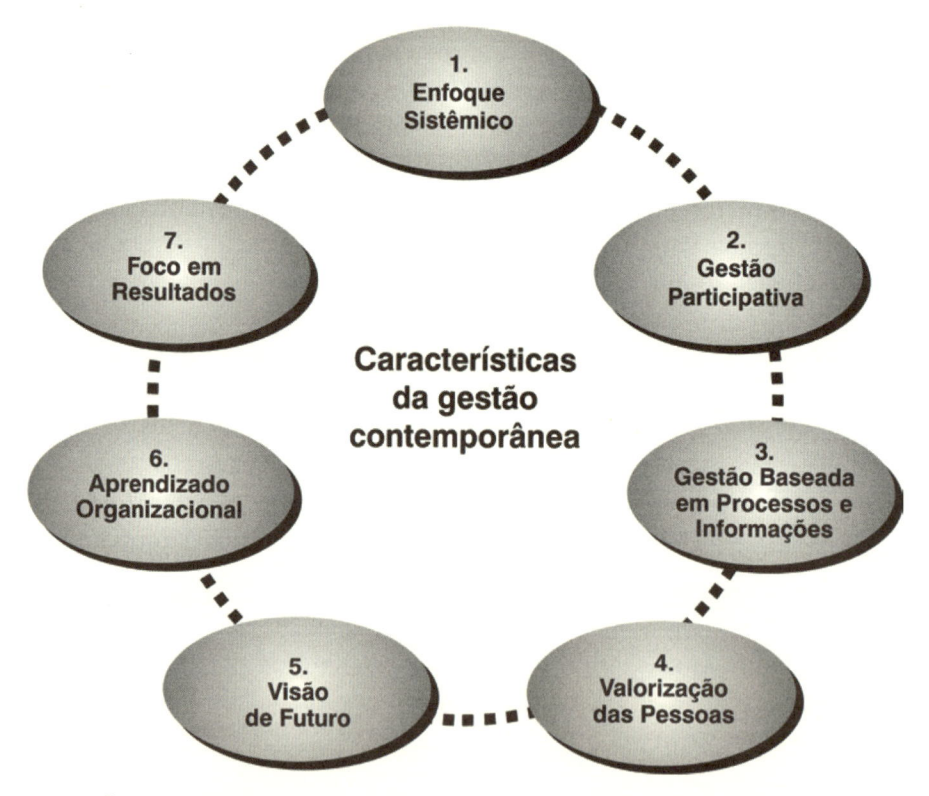

Características da gestão contemporânea:
1. Enfoque Sistêmico
2. Gestão Participativa
3. Gestão Baseada em Processos e Informações
4. Valorização das Pessoas
5. Visão de Futuro
6. Aprendizado Organizacional
7. Foco em Resultados

3.1 Enfoque sistêmico

A excelência em gestão pressupõe integrar as diversas práticas gerenciais de um órgão ou entidade em um sistema de gestão: identificando as ligações corretas de seus componentes (estrutura) e o movimento interno desses mesmos componentes (direcionalidade).

Essa abordagem sistêmica da gestão dá sentido à proposta do GESPÚBLICA, pois está entranhada na concepção teórica e na aplicação prática do Programa.

O sistema de gestão – não práticas isoladas – constitui o objeto material do Programa, pois melhorar a gestão pública significa necessariamente melhorar o sistema de gestão.

Ter por objeto práticas isoladas, mesmo que de boa qualidade, tornaria o GESPÚBLICA incapaz de contribuir para a construção de órgãos e entidades de alto desempenho.

O diferencial do GESPÚBLICA é seu foco no *conjunto da obra*, ou seja, na reunião dinâmica, integrada e direcionada das práticas de condução das ações e projetos da organização para a consecução de seus objetivos estratégicos.

3.2 Gestão participativa

Esta característica da gestão contemporânea refere-se unicamente à força de trabalho do órgão ou entidade – gerentes e gerenciados. A dimensão da gestão relativa à participação dos usuários e sociedade está considerada no princípio da excelência dirigida ao cidadão.

O estilo de gestão pública de excelência é participativo. Isso determina atitude de liderança que busque o máximo de cooperação das pessoas. Para tanto, é necessário reconhecer o desempenho diferenciado de cada um e harmonizar os interesses individuais e coletivos, a fim de conseguir a sinergia das equipes de trabalho.

Uma gestão participativa genuína requer cooperação, compartilhamento de informações e confiança para delegar, dando autonomia para atingir metas. Como resposta, as pessoas tomam posse dos desafios e dos processos de trabalho dos quais participam, tomam decisões, criam, inovam e dão à organização um clima organizacional saudável.

À liderança da organização, principalmente à alta administração, está reservado um papel indelegável de mobilização e reconhecimento. Sem engajamento da liderança, as ações se arrastam, a organização produz pouco e os problemas não se resolvem.

O envolvimento da alta administração é um fator crítico para o sucesso da gestão, necessário, mas não suficiente. Os níveis intermediários da liderança podem, consciente ou inconscientemente, *boicotar* ou pelo menos retardar consideravelmente o alcance de metas e objetivos.

A gestão pela qualidade pressupõe, portanto, o envolvimento de gerentes e gerenciados, estabelecendo entre eles uma nova base de relacionamento, mais participativa e mais cooperativa.

Diferentemente da gestão burocrática e do estilo autoritário, a gestão pela qualidade só é possível quando, também, os servidores que integram as diversas equipes de trabalho se sentem "donos" de suas tarefas, com conhecimento suficiente sobre elas. Este estágio superior de gestão não acontecerá, nem por decreto, se as pessoas não fizerem disso um compromisso pessoal.

A gestão participativa não é plebiscitária. Ter um estilo participativo de gestão é buscar a participação de cada servidor, naquilo que realmente pode contribuir. Esses servidores devem ser convidados a participar, independentemente de nível hierárquico, função ou qualquer outro critério.

Uma vez, a área administrativa de um certo ministério resolveu melhorar as instalações na entrada do prédio, com vistas a facilitar a recepção das pessoas que, por algum motivo, precisavam ir àquela organização.

Como normalmente acontece, o chefe da área determinou a alguém que conduzisse o trabalho, esse alguém reuniu algumas pessoas, as mesmas de sempre, para idealizar o novo espaço de recepção. A meia dúzia de pessoas, todas de nível e de confiança, apresentaram a proposta ao chefe, que deu um toque pessoal e aprovou o novo arranjo físico para a entrada do prédio. Quando as obras e mudanças de lugar dos móveis começaram, os recepcionistas, que recebem e orientam as pessoas em tempo integral, de maneira muito tímida, falaram com a equipe que concebeu a nova disposição dos móveis o quanto aquela mudança iria dificultar o trabalho, principalmente para os próprios visitantes. Por exemplo, o balcão de identificação, que de certa forma coloca uma barreira natural à entrada das pessoas, seria colocado exatamente próximo ao corredor que dava acesso às áreas livres do prédio, como banco e biblioteca. A resposta da equipe foi a esperada: nós já pensamos em tudo e o chefe já aprovou, portanto a mudança será feita. Resultado: os recepcionistas sacudiram os ombros, como quem avisa que não se sente responsável pelas conseqüências da mudança. Os problemas acabaram acontecendo, inclusive de perda do controle do acesso e, em pouco tempo, tudo voltou a ser como era antes.

Esse exemplo é uma ilustração simples de um estilo de gestão não participativo, que acredita que nas organizações algumas poucas pessoas têm a função de pensar e os demais de executar.

Num estilo participativo de gestão, as pessoas que trabalhavam nessa recepção seriam convidadas a participar da solução: relatando os problemas mais comuns, dando sugestões para solucioná-los. A conseqüência natural dessa forma de gerenciar é o engajamento das pessoas com a mudança. Os recepcionistas e os guardas de segurança passariam a *torcer* pelo sucesso da nova recepção, pois se considerariam donos e responsáveis por ela. Até eventuais problemas da nova situação seriam espontaneamente solucionados por eles, pois fariam o que fosse possível para que tudo desse certo.

Sem ouvir as pessoas, sem lhes dar informação e delegação, a gestão participativa é inatingível.

Ouvir

É preciso ouvir as pessoas, saber de suas expectativas, do quanto podem contribuir para a melhoria dos processos em que trabalham.

Muitas organizações, para implementar a gestão participativa, tratam logo de colocar uma caixinha de sugestões para estimular a participação de seus servidores. A experiência tem demonstrado que essa estratégia é, no mínimo, fraca, quando não distancia ainda mais os gerentes de suas equipes.

Por que colocar uma caixinha para coletar sugestões e reclamações entre pessoas que estão juntas, às vezes na mesma sala, oito horas por dia? Os gerentes recebem críticas, a maioria anônimas, e acabam, muitas vezes, por concluir que gestão participativa não funciona em sua organização. Não é a gestão participativa que não funciona, é a estratégia que está errada. Há uma razão importante que faz com que a maioria das caixinhas de sugestões fique vazia após dois ou três meses de funcionamento: não estimulam a participação.

A grande mudança é fazer com que gerentes e gerenciados se encontrem pessoalmente e, "olho no olho", falem dos problemas, busquem soluções e estabeleçam desafios. Esta mudança de atitude exige que os gerentes saiam de suas salas e andem pelos corredores e salas; que, independente do nível hierárquico, as pessoas interessadas e conhecedoras de um determinado assunto participem das reuniões de trabalho.

Essas práticas, e tantas outras genuinamente participativas, devem substituir as caixinhas de sugestões, os discursos que proclamam enfaticamente que as portas do chefe estão sempre abertas, quando, na maioria das vezes, ele não está lá etc.

Informar

A informação é fator crítico para que as pessoas se sintam mais ou menos participativas. Uma vez ouvi do diretor de um departamento que gestão participativa não funciona, pois, segundo ele, as sugestões que recebia de seu pessoal estavam tão fora da realidade que acabavam, pelo fato dele não poder aproveitar qualquer uma delas, desestimulando as pessoas.

A qualidade das sugestões depende, fundamentalmente, do nível de informação que as pessoas detêm sobre determinado assunto.

Muitos gerentes acham que passar informação é perda de poder. Dão a impressão que sabem, mas não dizem o que sabem. As justificativas são as mais diversas, sendo que a principal delas é a de que o momento *não é oportuno*.

Existem, porém, alguns aspectos que precisam ser analisados quando se fala em disseminação de informação:

A informação é um produto perecível, tem validade, portanto se não for consumida no tempo certo "apodrece". Às vezes, a informação que os gerentes acham que devem disseminar, na prática, nem para eles tem mais valor.

Para comprovar isso, basta olhar os quadros de avisos das organizações. Quantas informações anunciando eventos que já aconteceram estão lá, amareladas, com dizeres do tipo: "As *inscrições encerram-se amanhã*". O mais grave é que o gerente do quadro de avisos, quando tem uma informação nova, procura um espaço para colocá-la sem se dar ao trabalho de retirar aquelas que já não informam mais nada. Bem, se nem o detentor da informação a valoriza, o que dizer do consumidor dela, o servidor que lê o quadro de avisos. Esse, provavelmente, nem olha para o quadro. Isso serve para os quadros de avisos e para as páginas na Intranet de nossas organizações que por estarem desatualizadas ou por terem aquele botãozinho *fale conosco* (que nós não falaremos com você) acabam por contribuir para alijar as pessoas do processo organizacional.

A informação quando é capaz de surpreender ou quando responde a uma ansiedade pessoal ou coletiva tem uma força que não respeita nem a vontade de seu detentor de ocultá-la.

Conta-se que um deputado segredou ao Doutor Tancredo Neves que precisava lhe contar algo que o estava incomodando. Disse o deputado: "Dr. Tancredo, estou sabendo de uma coisa terrível, sei que não posso contar a ninguém, mas não estou conseguindo ficar com essa informação só para mim. Pensei muito e concluí que somente o Senhor pode compartilhar comigo dessa informação, pois mais ninguém pode saber dela." Diz o relato que o Doutor Tancredo recusou-se saber do que se tratava, dizendo: "Deputado; se o senhor que é o dono do segredo não está conseguindo mantê-lo, imagine eu que nada tenho a ver com isso".

Em virtude dessa força da informação, muitos gerentes se enganam ao não disseminar as informações, pois, independentemente de sua vontade, a informação que interessa vai se espalhar formal ou informalmente.

Não é sem razão que as organizações quase sempre dispõem de um canal paralelo e eficaz de informação, carinhosamente chamado de *rádio corredor*[26].

Esses canais clandestinos de informação existem e são mantidos porque neles somente passam informações de alto valor, seja para a organiza-

---
[26] Ou "rádio cipó", na Amazônia; ou "boletim das baias", num quartel de cavalaria.

ção, seja para os integrantes do *departamento de investigação da vida alheia – DIVA*.

Essa comunicação informal ocorre mais ou menos assim: alguém, como um dos múltiplos sensores desse grande sistema, capta alguma informação (ele pode receber a informação oficialmente de alguém, mas com aviso de reserva; pode, também, receber a informação indiretamente, por estar dirigindo o carro do chefe, por estar servindo café em uma sala de reunião, por estar limpando a sala do chefe etc.). Ao receber a informação não consegue se conter e chama o primeiro que encontra e diz: "Olha, vou lhe contar uma coisa, mas, por favor, não fale nada a ninguém, eu só estou contando a você porque você é de minha inteira confiança..." O amigo de inteira confiança sai da sala também sem poder se conter, pois a informação é uma verdadeira "bomba", e chama um amigo e repete a história: "Olha, vou lhe contar uma coisa, mas, por favor, não fale nada a ninguém, eu só estou contando a você porque você é de minha inteira confiança...", e assim a informação vai passando até que num dado momento alguém fica decepcionado ao tentar passar a informação para alguém de sua extrema confiança e esse alguém já sabe da história, pois também fora considerado por outro pessoa de extrema confiança.

Essa forma "subterrânea" de informar é mais emocionante, tem um certo requinte e conta com um fator de sustentação que é a valorização do detentor e divulgador da informação dentro da organização. Valorização essa que muitas vezes lhe falta devido a baixa capacidade gerencial de seus gerentes.

Não há gestão participativa sem disseminação oportuna de informação. A gestão participativa é um valor, precisa ser internalizada, para isso é necessário um solo propício a esse tipo de cultura, e um dos ingredientes que tornam esse solo preparado é a informação.

Delegar

A delegação de autoridade talvez seja a estratégia mais poderosa para internalizar e manter um estilo participativo de gestão. As pessoas que recebem delegação para criar, decidir, mesmo em assuntos aparentemente sem importância no contexto geral da organização, se tornam, em geral, defensoras apaixonadas de suas atividades e, dificilmente, ficarão desmotivadas com problemas e dificuldades que venham a enfrentar.

As organizações públicas burocratizadas, quando estão em atividade, parecem verdadeiros canis. Embora a gestão pela qualidade recomende poucos níveis hierárquicos, desenhos de estruturas organizacionais mais horizontais, em rede, as organizações públicas ainda persistem em estruturar-se em vários níveis: ministério em secretaria; secretaria em departamento; departamento em coordenação-geral; coordenação-geral em coordenação, coordenação em divisão; divisão em seção; seção em subseção ou setor; setor em serviço, e assim sucessivamente.

Como não há quase delegação, qualquer decisão demandada em qualquer um desses níveis exige que, em lances sucessivos e devidamente documentados, o pedido tramite desnecessariamente pela organização até que a decisão chegue ao seu destinatário que, ansiosamente, espera por ela.

A esse respeito, Hélio Beltrão, o formulador do Programa Nacional de Desburocratização, fez a seguinte observação:

"A Administração Central assumiu tarefas exageradas, com a preocupação de rever tudo que vem dos órgãos locais, como se fosse a detentora exclusiva da verdade administrativa. Temos de descentralizar o serviço até o extremo. (...) Se o funcionário de balcão tivesse autonomia para decidir, tenho a certeza de que muitos assuntos seriam resolvidos no próprio balcão do órgão local. Entretanto, ele está acostumado – e nós mesmos o acostumamos – a sujeitar sua opinião à opinião superior. E, por isso, tudo se retarda[27] (Beltrão, 1984, p. 132).

O funcionamento de uma organização sem delegação acontece mais ou menos assim, a partir da demanda por uma decisão.

Certa feita, um servidor, do serviço de programação, do setor de programas, da seção de projetos, da divisão de sistemas, do departamento de informação, precisou solicitar a alteração de seu período de férias. Redigiu um documento ao seu chefe, pedindo e apresentando os motivos pelos quais solicitava a alteração das férias. Devidamente

---

[27] Trecho do discurso de improviso na cerimônia de posse na Presidência do IAPI, em dezembro de 1945.

protocolado, o documento recebeu uma "folha de tramitação interna de documentos – FTID", na qual o primeiro latido foi registrado: **'au'** (ao) chefe do serviço.

O chefe do serviço, que não tem delegação para decidir sobre esse, e sobre quase todos os outros assuntos, encaminhou o pedido do servidor ao chefe do setor. O encaminhamento, sem qualquer opinião do chefe de serviço sobre o impacto da alteração das férias do servidor sobre o serviço da repartição, ficou restrito a apenas mais um latido: **au** (ao) chefe do setor de programação.

Assim, o chefe do setor registrou o seu latido **au** (ao) chefe da seção, o chefe da seção **au** (ao) chefe da divisão; o chefe da divisão **au** (ao) chefe do departamento. Todos os "latidos" estavam acompanhados da expressão: *para consideração e decisão de vossa senhoria*.

O chefe do departamento de informação, embora tivesse delegação para resolver, precisava saber do departamento de administração se a alteração era possível. Como um chefe de departamento não pode se ligar diretamente com o chefe do setor que elabora e controla o plano de férias da organização, os "latidos", sem decisão, continuaram: do chefe do departamento de informação **au** (ao) chefe do departamento de administração-geral; do chefe do departamento de administração-geral **au** (ao) chefe da divisão de recursos humanos; do chefe da divisão de recursos humanos **au** (ao) chefe da seção de movimentação e registro; do chefe da seção de movimentação e registro **au** (ao) chefe do setor de planejamento e acompanhamento de férias, licenças e dispensas e, por sua vez, o chefe do setor de planejamento e acompanhamento de férias, licenças e dispensas **au** (ao) chefe do serviço de controle de férias.

Todos os "latidos" estavam acompanhados da expressão: *solicito informar a respeito*.

O chefe do serviço de controle de férias, que por coincidência é amigo e vizinho do servidor que deseja alterar suas férias, verificou que tecnicamente não haveria qualquer problema em alterar as férias, registrou na FTID que não havia impedimento para atender o pedido e deu seu latido para que o documento pudesse iniciar o caminho de volta: **au** (ao) chefe do setor de planejamento e acompanhamento de férias, licenças e dispensas.

Assim, mais quatro "latidos" **au, au, au, au** foram necessários para que o parecer técnico, favorável à alteração das férias, chegasse ao chefe do departamento de informação.

O chefe do departamento de informação, por sua vez, reiniciou os "latidos": **au, au, au, au**, todos acompanhados da expressão: "comunicar ao interessado".

Quando o chefe do serviço recebeu o documento, imediatamente registrou mais um latido: **au** (ao) chefe do setor solicitando a devida alteração no plano de férias da organização. Dessa forma, desencadeou uma nova série de "latidos" **au, au, au, au, au, au, au, au, au, au, au, au, au, au**, para que o registro da alteração concedida ficasse devidamente registrado lá no outro departamento, pelo servidor do serviço de controle de férias.

O mais interessante dessa estória, é que o chefe do serviço já havia liberado o servidor, pois sabia qual seria a resposta e que se fosse esperar por ela não só o adiamento seria impossível, como as próprias férias, na previsão inicial, não teriam sido tiradas, por estarem *"em suspenso"* até decisão superior.

A gestão participativa tem na delegação a ação mais vigorosa de internalização. Principalmente no setor público, a delegação é também uma forma de estabelecer um canal mais direto e curto entre a decisão e a ação, sem que seja necessário, *a priori*, alterar a estrutura hierárquica da organização. Em um segundo momento, a delegação poderá atuar como facilitadora da horizontalização das estruturas organizacionais, à medida que certos cargos intermediários tendem a se tornar naturalmente "ocos".

Delegar é uma tarefa complexa, é preciso saber executá-la, tanto do lado de quem delega, como do lado de quem a recebe. Além disso, é preciso considerar o fato de que delegar pode ser entendido por alguns níveis de chefia como perda de poder e, por outro lado, ameaça ou excesso de responsabilidade por aqueles que terão delegação para decidir ou fazer algo.

Uma vez, um coordenador, logo que ouviu falar dos princípios da gestão pela qualidade, resolveu praticar a delegação como estratégia para demonstrar seu compromisso com a mudança.

Esse coordenador cuidava da área de eventos de sua organização e resolveu começar a delegação com o seu gerente de instalações, cuja tarefa era preparar auditórios e salas de aula para a realização da agenda de eventos da instituição.

Para isso, o coordenador a cada semana passava para o gerente de instalações a agenda de eventos, e em quais auditórios e salas; além disso, o coordenador entregava ao seu gerente uma planta baixa dos auditórios e salas nas quais estavam já definidos os arranjos físicos desejados para cada um.

A rotina era sempre a mesma: todas as quartas-feiras o gerente de instalações recebia do coordenador as orientações sobre os eventos da próxima semana e as executava sem qualquer questionamento, a não ser quando faltava algum tipo de recurso para executá-las, por exemplo: cinco retroprojetores para eventos simultâneos, quando a organização só dispunha de quatro.

Durante a realização dos eventos, raramente o gerente de instalações aparecia nos locais. Ao término da semana, quando o coordenador fazia qualquer observação sobre algum problema ocorrido, ou mesmo sinalizava com alguma melhoria, o gerente comentava: *"...mas eu fiz conforme você determinou, não fiz? Se quiser alterar alguma coisa, informa nas próximas semanas"*.

O processo era mais ou menos assim: alguém pensava, decidia e mandava; outro alguém executava.

Para mudar essa situação e tornar esse processo mais participativo, o coordenador conversou longamente com o gerente de instalações, recordou com ele os principais pontos do curso sobre gestão pela qualidade que haviam feito e, por fim, propôs uma nova maneira de fazer as coisas. Acertaram que a partir daquele momento o gerente receberia apenas a agenda de eventos e as características de cada evento (tipo, número de pessoas etc.). Com essas informações, o gerente estava autorizado pelo coordenador a decidir em que local e com que arranjo cada evento da semana seria realizado.

Logo na primeira semana, o gerente procurou o coordenador para dizer-lhe que havia decidido realizar um dos eventos em um determinado auditório, mas estava em dúvida se deveria colocar na mesa a toalha vermelha ou a toalha verde. O coordenador disse-lhe que este era um problema dele, gerente. "Tem certeza?", disse o gerente? "Claro", disse o coordenador. Ao sair da sala do coordenador, o gerente voltou, entreabriu a porta e disse ao coordenador: "Posso fazer-lhe uma pergunta? Se fosse você que estivesse no meu lugar, que toalha colocaria, a vermelha ou a verde?"

Durante os eventos, alguma coisa mudou, o gerente passou a estar presente no início, no meio e no fim dos eventos. Agora ele, gerente, é que explicava ao coordenador o que havia feito e quais seus planos para fazer melhor.

De um mero executor, quase impedido de pensar e proibido de decidir, o gerente de instalações passou a ser efetivamente um gerente, participando ativamente dos eventos de sua instituição. Sentiu na prática a gestão participativa e, provavelmente, não aceitará mais a condição de mero executante.

Participar significa prestar contribuição individual ao alcance de objetivos comuns, a partir da divisão de responsabilidade, dentro da convicção de que os objetivos pessoais são convergentes com os objetivos da organização.

O processo participativo estimula a capacidade de tomar decisões e de inovar, contribuindo para a realização profissional do servidor e para a melhoria de sua auto-imagem.

3.3 Gestão baseada em processos e informações

O centro prático da ação da gestão pública de excelência é o processo, entendido como um conjunto de atividades inter-relacionadas ou interativas que transforma insumos (entradas) em produtos/serviços (saídas) com alto valor agregado.

Gerenciar um processo significa planejar, desenvolver e executar as suas atividades, e avaliar, analisar e melhorar seus resultados, proporcionando melhor desempenho à organização. A gestão de processos permite a transformação das hierarquias burocráticas em redes de unidades de alto desempenho.

Os fatos e dados gerados em cada um desses processos, bem como os obtidos externamente à organização, se transformam em informações que assessoram a tomada de decisão e alimentam a produção de conhecimentos. Esses conhecimentos dão à organização pública alta capacidade para agir e poder para inovar.

Quando ainda no extinto Ministério da Administração Federal e Reforma do Estado, apresentei uma nova proposta para o programa de gestão pela qualidade, com vistas a torná-lo um instrumento de transformação da administração pública nas dimensões cultural e de gestão, alguns integrantes da equipe da Reforma reagiram quando dentre os fundamentos apresentei a gerência de processos.

A rejeição ao princípio[28] dava-se pelo confronto aparente a um dos objetivos da Reforma de sair do controle dos processos, *a priori*, e passar ao controle de resultados, *a posteriori*.

A aparente contradição ficou desfeita à medida que se entendeu a gestão de processos como o centro prático da ação onde se produz o resultado que se quer avaliar. O resultado do processo determina a sua configuração e a forma de executá-lo, e não o contrário.

Sob esse aspecto, a gestão baseada em processos representa a produção de resultados e determina a satisfação dos usuários desses resultados. *"Os processos são a estrutura pela qual uma organização faz o necessário para produzir valor para os seus clientes. Em conseqüência, uma importante medida de um processo é a satisfação do cliente com o produto desse processo"* (Davenport, 1994).

---

[28] Àquela época, a gestão baseada em processos e informações já era uma das características importantes da gestão pública de excelência, considerada, então, como princípio.

Ainda segundo Davenport, duas características importantes do processo são o tamanho e o quanto de valor ele agrega ao produto (bem ou serviço).

Sob esta ótica, nem todo conjunto de tarefas se define como um processo. Conceitualmente são, mas não têm significado enquanto processo organizacional, pois agregam pouco ou nenhum valor ao seu usuário.

O valor, entendido como presteza no atendimento, cortesia, confiança no agente prestador do serviço, garantia de que sempre que precisar daquele serviço ele funcionará e bem, e a satisfação, tanto com o atendimento como com o produto fornecido, são valores que processos muito pequenos não comportam.

Pode-se, por exemplo, considerar como processo o protocolo e a triagem de documentos em uma recepção. Sob o aspecto estritamente técnico, realmente é um processo (conjunto de atividades que transforma uma coisa em outra no caso uma série de documentos que, pela ação do protocolista, passam a ter destino certo dentro da organização). Sob a ótica da gestão pela qualidade, este não deve ser considerado um processo, pois não agrega valor para o usuário, apenas contribui para que um ou mais valores sejam agregados. Além disso, quando se trabalha com uma visão de processos nessa dimensão, corre-se o risco de perder a perspectiva da organização, de reduzir a importância do todo.

O princípio da gerência de processos pressupõe a visão, por gerentes e gerenciados, de grandes processos em rede, produzindo bons resultados, plenos de valores, para os usuários e destinatários da ação e serviços da organização pública.

Há alguns anos, precisei fazer um requerimento a um determinado órgão público.

Ao chegar a esse órgão, fui encaminhado ao setor chamado "Protocolo de Entrada". Naquele setor fui recebido por uma servidora que logo pegou um formulário e começou a preenchê-lo com os dados constantes do requerimento que eu lhe havia entregado.

Notei que um dos dados solicitados para preenchimento era o número do telefone residencial do requerente. Como não havia no formulário outro campo para outro número de contato e sabendo que aquele órgão atendia das nove às dezessete horas, estabeleci com a servidora que me atendia o seguinte diálogo:

- Por favor, disse eu, anote um outro número de telefone, pois com o número do meu telefone residencial vocês não poderão se comunicar comigo, pois no horário de trabalho de vocês eu também estarei trabalhando. Trabalho das oito até às dezoito, complementei.
- Não poderei registrar outro número, disse-me a servidora-atendente, e continuou: fui treinada para preencher este formulário e a minha avaliação de desempenho leva em conta a correção do preenchimento.
- Pelo menos troque o número residencial pelo do trabalho, mesmo que precise utilizar um formulário novo, argumentei.
- Infelizmente, disse a servidora-atendente, não posso fazer isso senhor, pois além de não poder rasurar, gostaria de lembrá-lo que, no final do formulário, há um campo no qual o senhor vai declarar que são verdadeiras as informações fornecidas.
- Bem, já que não é possível acrescentar ou alterar nada, gostaria de saber como vocês irão encontrar-me? Perguntei.
- Não se preocupe, disse com segurança a servidora-atendente, nós o encontraremos, completou.
- Mais uma coisa, disse eu (já de posse do número de protocolo do meu requerimento), quanto tempo leva para despachar um requerimento como esse?
- Aproximadamente dois meses, respondeu a servidora.
- Obrigado...

Dois meses depois, voltei àquele órgão. Lá chegando, fui encaminhado para o setor chamado "Protocolo de Saída", mesmo sendo de saída eu entrei.

Já no Protocolo de Saída, fui recebido por um servidor, a quem imediatamente informei o número do protocolo dado ao meu requerimento.

Excelência em Gestão Pública: a trajetória e a estratégia do GESPÚBLICA

O servidor-atendente desapareceu por uns instantes e, pela rapidez com que retornou, julguei ter tido sorte de ter chegado num momento em que "o sistema estava no ar". Os sistemas, por serem intangíveis e não reagirem, pelo menos por enquanto, têm sido os vilões do mau atendimento.

Ao retornar ao balcão de atendimento, aconteceu o seguinte diálogo:

- O senhor sabia que este seu requerimento já está liberado há mais de vinte dias? Perguntou o servidor.

- Não, respondi, não fui avisado (nesse momento lembrei do diálogo havido há dois meses lá no setor Protocolo de Entrada).

- Pois é, disse o servidor com certo ar de superioridade, a gente tenta ajudar as pessoas, mas infelizmente elas não colaboram. Por favor, da próxima vez deixe um número de telefone pelo qual a gente consiga localizá-lo. Olhe só, complementou o servidor, o trabalho que tivemos, sem sucesso, para encontrá-lo (na verdade ele estava dizendo para mim o quanto de trabalho a mais eu havia causado a sua equipe).

Nesse momento, o servidor mostrou-me uma folha de tramitação de documentos com os registros dos trâmites do meu requerimento, desde a data do protocolo de entrada.

Naquela folha de tramitação estavam registradas as quatro tentativas da equipe do protocolo de saída para entrar em contato comigo. Cada registro continha o nome do servidor que ligou para a minha residência, o dia e a hora da ligação seguida de um pequeno carimbo "redondinho", com a rubrica do servidor sobre ele. Após o registro das quatro tentativas, acho eu, o chefe da equipe resolveu interromper a busca e anulou o espaço em branco restante da folha de tramitação com um traço diagonal, sobre o qual após o seu nome, a data e a hora e a comunicação: "RISQUEI", seguida outra vez do mesmo carimbo rubricado.

Este é um fato simples e real, mas exemplifica o risco que é não dimensionar corretamente um processo no contexto de um sistema de gestão.

Como foi visto anteriormente, tratar os protocolos de entrada e de saída separadamente não está conceitualmente errado. Cada um representa um conjunto de atividades encadeadas que produzem um determinado resultado. O problema não é conceitual, é de grandeza. Por serem processos pequenos demais não geram valor positivo para o verdadeiro usuário – o cidadão – que solicitou no balcão de um setor e recebeu no balcão de outro setor. Porém, para efeito de gestão, embora o órgão da estória não tenha percebido, o pedido e a entrega do resultado, para o usuário, aconteceram em balcões diferentes, mas do mesmo processo.

Alguns aspectos importantes dessa história:

- cada setor é gerenciado como se fosse um fim em si mesmo; a servidora do protocolo de entrada provavelmente se sentiu vitoriosa ao conseguir manter-se firme sem fazer "concessões"; no outro lado, o servidor do protocolo de saída também deve ter-se sentido vitorioso ao repreender seu usuário e conscientizá-lo do trabalho desnecessário que causou à equipe;

- a segmentação por caixas do organograma, como se cada setor correspondesse a um processo, própria da burocracia exagerada e do apego ao poder que exige a delimitação do seu território, por mais insignificante que aos outros possa parecer, fez com que no final das contas a "culpa" fosse atribuída ao cidadão que nada fez para facilitar a sua localização, causando uma carga de trabalho para os servidores do setor;

- a história evidencia uma gestão voltada para o processo e não baseada em processos, portanto voltada para a rotina e para a burocracia e não para resultados e para o cidadão;

- imaginemos o que teria acontecido se o formulário tivesse um campo para contato com o requerente; se o treinamento fosse substituído por uma capacitação na qual todas as equipes de trabalho envolvidas com o processamento dos requerimentos, desde a entrada até a saída, fossem envolvidas e motivadas para trabalhar em função da satisfação dos seus usuários e que os valores a eles agregados pelo trabalho conjunto ficassem bem identificados; seguramente a história seria outra: eu, na condição de usuário, teria ficado satisfeito e surpreso por ter sido atendido tão rapidamente, com vinte dias de antecedência; o processo do protocolo de saída teria sido bem menos trabalhoso, mais econômico e menos estressante; além de não precisar se valer de requintes burocráticos, como escrever sobre um risco que foi o chefe que riscou;

- o único aspecto positivo dessa e de tantas outras histórias é que se elas não tivessem ocorrido eu não teria exemplos da nossa prática burocrática irreverente.

Por requerer mudanças complexas – tratam de eliminar hábitos gerenciais arraigados e redefinir espaços de poder – a gestão baseada em processos, quando corretamente aplicada, agrega benefícios ao sistema de gestão e ganhos de desempenho para a organização. O tamanho do processo no contexto do sistema de gestão é fundamental, como afirma Davenport: "Quanto maior o processo, maior o potencial de vantagem radical" (Davenport, 1994).

Há vários níveis de processo. Uma organização é um grande processo, complexo, mas é um processo. Dentro de uma organização existem vários processos e esses processos, por sua vez, podem conter outros processos.

Em todos esses níveis de desdobramento tem-se um centro prático de gestão. O limite máximo de um processo é a organização, definida enquanto missão e não enquanto estrutura organizacional. A missão e tudo que dela decorre estabelecem a extensão administrável do processo.

Níveis subseqüentes de desdobramento desse grande processo estabelecem o campo de ação gerencial, necessariamente menores e rigorosamente inseridos no processo maior. Os desdobramentos de processos em processos menores tem um limite, não passível de ser estabelecido objetivamente. O corpo gerencial deve ter sensibilidade para perceber quando um conjunto de tarefas vai perdendo a essência que o caracteriza como processo que agrega valor e vai adquirindo aspectos claros de uma rotina, de uma regra, de um roteiro para executar determinada operação.

Gerenciar processo significa planejar, desenvolver, executar, interagir, monitorar e avaliar.

A análise do processo leva ao melhor entendimento do funcionamento da organização e permite a definição de responsabilidades, a prevenção e a solução de problemas, a eliminação de atividades redundantes e a identificação clara de usuários e fornecedores. Para o conhecimento objetivo do processo, que possibilite o seu acompanhamento, controle e avaliação, é indispensável o estabelecimento de indicadores que viabilizem a mensuração dos aspectos relacionados com a sua eficiência, eficácia e efetividade.

O gerenciamento eficaz e eficiente dos processos é condição essencial para o alto desempenho institucional e para a geração dos resultados adequados para os usuários; propicia queda de barreiras entre as áreas organizacionais, elimina os feudos e promove maior integração interna.

A gestão de processos deve estar focada em resultados, e estes devem ser o referencial para a concepção e refinamento da cadeia de processos de um órgão ou entidade.

A característica da gestão contemporânea da gestão baseada em processos requer, ainda, participação e envolvimento dos servidores e dos usuários dessa cadeia. Isto implica entendimento, parceria e compromisso.

Indissociável da gestão baseada em processo está a gestão baseada em informações: os processos geram e dependem de informações.

Além do que já falei sobre a importância da informação na institucionalização de uma efetiva gestão participativa, alguns componentes importantes definem a gestão com base em informações em um sistema de gestão de classe mundial: a confiabilidade, a acessibilidade e a amplitude.

A confiabilidade diz respeito ao grau de certeza do usuário em relação à informação sobre a qual declara a realidade de uma determinada situação ou de parte dela naquele momento. A confiabilidade, por isso, pressupõe: garantia da fonte para mantê-la atualizada, eliminação de redundâncias, em geral a informação é corporativa, portanto singular, não devendo estar reproduzidas por arquivos e gavetas.

Uma vez, por curiosidade, saí a identificar quantos arquivos continham meus dados pessoais básicos (nome, endereço, filiação, documentação, matrícula). Fiquei surpreso por ter encontrado esse conjunto de dados em cinco arquivos; tal proliferação é fator de baixa confiabilidade, pois, com certeza, as alterações não acontecerão simultaneamente em todos os "depósitos" existentes. Fiquei irritado, quando um setor detentor de um desses arquivos enviou para mim um formulário em branco para que eu o preenchesse com meu nome, endereço... se não o fizesse não participaria de um determinado evento de capacitação; não preenchi, e participei do evento.

A acessibilidade diz respeito à garantia de que a informação necessária para decisão e controle será acessada em tempo oportuno, por quem dela necessita. É importante, mas não essencial, o conceito de rapidez de acesso. Apresenta maior grau de essencialidade o conceito de oportunidade, significando disponibilização da informação, para que a partir dela seja feito o que é necessário, sem prejuízo.

A amplitude diz respeito ao escopo do conjunto de informações necessário à decisão e ao controle. A gestão de excelência contemporânea requer informações da própria organização, resultantes do seu "metabolismo interno" e informações externas não só para efeitos comparativos mas, também, para monitoramento de cenários e formulação de estratégias para atuação do órgão ou entidade, ou mesmo de um governo em seu ambiente externo.

A gestão baseada em informações é requisito imprescindível à qualidade do processo decisório e parte natural de qualquer sistema efetivo de monitoramento e de avaliação.

A qualidade da informação – baixa ou alta – determina a qualidade da decisão e responde em grande parte pelo fracasso ou sucesso do desempenho institucional.

3.4 Valorização das pessoas

As pessoas fazem a diferença quando o assunto é o sucesso de uma organização. A valorização das pessoas pressupõe dar autonomia para atingir metas, criar oportunidades de aprendizado, de desenvolvimento das potencialidades e reconhecimento pelo bom desempenho.

A autonomia envolve riscos mas acelera o aprendizado. Está ainda distante da boa gestão o dirigente que considera o bom desempenho de seus servidores como sendo nada mais do que cumprimento do dever. Tais dirigentes são promotores do baixo desempenho e grandes desmotivadores.

Hélio Beltrão identificou três inimigos a combater: "A incompetência, a inércia bem paga e o trabalho mal-remunerado" (Beltrão, 1984). Dirigentes públicos que não valorizam seus servidores são incompetentes e por esse motivo estão na categoria dos inertes bem pagos.

A valorização das pessoas, embora possa ser considerada mais amplamente, no serviço público tem o seu principal foco de atenção no servidor público.

Servidor público, segundo Hely Lopes Meirelles, é "a categoria que abrange a grande massa de prestadores de serviços à administração e a ela vinculados por relação profissional, em razão de investidura em cargos e funções, a título de emprego e com retribuição pecuniária" (Meirelles, 1990).

No setor público, a preparação e a instrumentalização adequadas das pessoas para o desempenho de suas funções, assim como a valorização do seu trabalho, constituem-se em aspectos críticos para o sucesso institucional.

A excelência em gestão pública depende, em grande parte, da capacidade de gerentes e gerenciados de trabalharem de maneira integrada e harmônica. Esse é um pré-requisito para que a organização aprenda continuamente e dê sustentabilidade ao seu desenvolvimento.

Não se faz qualidade por decreto, porque não é possível mudar atitudes, estabelecendo e substituindo normas e regulamentos. É preciso mobilizar as pessoas, convencê-las das vantagens de romper com a realidade e estabelecer parcerias com a maioria delas, principalmente com os diversos níveis gerenciais da organização.

Esse princípio é o mais polêmico de toda a abordagem da gestão pela qualidade, quer no setor público, quer no setor privado. Em ambos os setores o discurso da valorização das pessoas, de que elas se constituem no grande capital de qualquer organização, parece não combinar muito bem com demissões e reduções de salário que em tantos casos têm acompanhado os programas de qualidade.

Nas palestras que tenho proferido é constante a pergunta: "Como falar em qualidade, em valorização das pessoas se os governos não remuneram adequadamente, ameaçam com demissão e, muitas vezes, declaram publicamente que servidor público é incompetente?"

É preciso afirmar que, sob qualquer circunstância, as pessoas são o maior patrimônio de uma organização. O setor público em pouco tempo poderá se tornar o único tipo de organização proprietária de imóveis e equipamentos, pois as empresas privadas cada vez menos valorizam sedes próprias e cada vez mais alugam móveis, peças de decoração e equipamentos. O que se tem tornado cada dia mais importante é o conhecimento e a capacidade de usá-lo de forma eficaz, seja na aplicação direta dele, seja na forma de transmiti-lo. Sob este aspecto, as pessoas são o maior valor, pois detêm o conhecimento e a inteligência para utilizá-lo e aplicá-lo bem. O meio de produção está cada vez mais voltando para casa em lugar de ficar na empresa.

Por esse motivo, também no setor público, a relação servidor-organização precisa mudar. A nova realidade determina que essa relação não pode mais se alicerçar na segurança que a organização pública possa oferecer ao servidor, como estabilidade, benefícios diferenciados em relação ao setor privado; complacência paternalista e proteção. Esses são elementos que não podem mais fazer parte da retórica, muito menos da ação, para que o servidor público se identifique e se comprometa com a qualidade na administração pública.

A propósito, o Artigo 39 da Constituição Federal determina a participação direta dos servidores no processo decisório sobre a política de administração e remuneração de pessoal: "A União, os Estados, o Distrito Federal e os Municípios instituirão conselho de política de administração e remuneração de pessoal, integrado por servidores designados pelos respectivos Poderes" (CF, Art 39).

O texto legal apenas estabelece o espaço das relações entre administração pública e servidor. Substituir os valores antigos e levar o servidor público a entender e incorporar os novos valores e práticas que deverão orientar a sua relação com a administração pública são tarefas essenciais na implantação da qualidade na gestão pública. Enquanto os servidores entenderem que este novo modelo significa desvalorização da função pública serão poucas as chances de sucesso da mudança pretendida.

As pessoas são o maior valor das organizações, no entanto não é por isso que devemos contratar em excesso. A história da administração pública brasileira está cheia de exemplos de governos que contrataram pessoas sem uma necessidade específica, seja para agradar, seja para ampliar o espaço de poder, ou até por acreditar erroneamente que uma das funções do Estado é empregar diretamente. Como conseqüência, as organizações públicas se tornaram superdimensionadas, com estruturas que aumentaram de forma desproporcional em relação aos serviços que prestam, desenvolvendo, com o tempo, processos que não agregam qualquer valor ao cidadão e não contribuem para o bem comum.

Quando se fala em excelência em gestão é preciso considerar todos os aspectos que fundamentam esse modelo de gestão. Por isso, seriam injustificáveis a manutenção e a promoção de pessoas que, mesmo de grande valor, excedem em relação à demanda por serviços públicos. A sociedade cada vez menos está disposta a sustentar desperdício, empreguismo e irracionalidade no uso do recurso público.

Quem produz os resultados de uma organização e quem detém o conhecimento necessário ao cumprimento da missão da organização são as pessoas que nela trabalham. Sejam essas gerentes, técnicos, auxiliares ou operadores. As pessoas de uma organização têm valor estratégico, pois são donas de um bem difícil de produzir e que dificilmente permanece sem perda na organização quando as pessoas saem dela.

Esse bem pessoal não se restringe apenas ao conhecimento, é um conjunto singular de atributos que raramente será encontrado em uma outra pessoa. Agrega-se ao conhecimento o jeito próprio de fazer as coisas, de liderar, mesmo sem ser chefe; a maneira como cada um mistura em suas atitudes e manifestações a emoção e a razão; a distância que se coloca dos outros e da própria organização, enfim, a imagem, a segurança que passa para as pessoas, o tom da fala quando se refere à organização etc.

O princípio da valorização das pessoas passa pela compreensão básica de que esse bem pessoal é fator crítico para o sucesso de qualquer organização.

Por isso, esse princípio requer atitude que ultrapasse o papel passivo, normalmente assumido pela maioria dos servidores, limitado a esperar e cobrar a valorização que a organização, segundo eles, tem obrigação de lhes conceder. Não significa tampouco que indistintamente as pessoas tenham que ser valorizadas. O princípio da isonomia reveste-se de significado novo: aplica-se a todos, mas a todos que de alguma forma fizerem diferença para melhor e em intensidade semelhante. Se for apenas um servidor que alcançou tal resultado, apenas esse deve ser reconhecido.

Este princípio requer uma reflexão, mesmo que sucinta, sobre alguns fatores para que a sua compreensão seja colocada na perspectiva correta e não venha a servir de falsa bandeira para os próprios servidores e para os gerentes ocupantes de altos cargos na administração pública.

Os *servidores* mais desavisados ficam cobrando a sua valorização, em geral de natureza pecuniária, como resultado imediato da implantação da qualidade;

Os *altos dirigentes públicos*, de forma inconseqüente, falam da melhoria da qualidade do serviço público ao mesmo tempo em que desqualificam generalizadamente o servidor público, imputando-lhe a culpa pelas mazelas com que convive o aparelho do Estado.

Os principais fatores de reflexão, quando se fala no princípio da valorização das pessoas, estão apresentados a seguir.

Valorização específica em lugar de valorização geral

A conhecida afirmação de que as pessoas são o bem mais precioso das organizações e o seu recurso mais estratégico é verdadeira enquanto preceito, mas seguramente não vale quando se passa um a um os servidores de uma organização. O componente humano das organizações é de valor inestimável. As individualidades que integram esse componente não têm necessariamente esse valor.

Assim, a ação gerencial da valorização das pessoas tem que ser aplicada individualmente na medida adequada ao que cada um faz por merecê-la. A distinção dos melhores, ou pelo menos daqueles que fazem o que deve ser feito daqueles que não fazem, é uma forma de valorização e, como o próprio nome diz, é necessariamente seletiva e específica.

As pessoas, em princípio, não são incompetentes ou desmotivadas porque querem

Valorizar as pessoas nesses casos não é reconhecer ou premiar, mas e propiciar as condições necessárias para que essas pessoas entendam o que fazem, a importância de seu trabalho e se tornem motivadas para fazer melhor. A capacitação dada a pessoas motivadas gera confiança e dá a elas o poder de se autovalorizararem.

As pessoas têm que procurar fazer a diferença

Motivação e capacitação profissional são ingredientes essenciais da valorização, mas não são suficientes. Cada pessoa tem que fazer desses ingredientes insumos para que seu desempenho estabeleça uma diferença visível.

A organização que não reconhecer essa diferença, que não a valorizar, perderá esse bem pessoal único.

É interessante observar que os planos de demissão voluntária têm mostrado que as pessoas mais preparadas, aquelas que normalmente a organização não gostaria que saíssem, são as que primeiro se apresentam para demissão.

O GESPÚBLICA tem procurado traduzir este princípio em ações que levem o servidor público a se autovalorizar, a sociedade a valorizar o seu trabalho e o Estado a reconhecer o seu mérito.

Por esse motivo, tem sido constante, ao longo desses anos, o esforço do Programa de conscientizar os servidores públicos para a importância do seu trabalho, de estimular as ações de capacitação e treinamento para que ele exerça com competência a sua função pública, contribuindo assim, de forma consistente, para mudar, junto à opinião pública, a imagem negativa do serviço público e, conseqüentemente, do servidor público.

Uma vez, fui fazer uma palestra sobre qualidade na gestão pública, a convite de um governo estadual. Ao chegar ao auditório, fui recebido pelo mestre-de-cerimônias que solicitou um resumo do meu currículo. Ao ler o resumo que lhe entreguei, ele perguntou se eu tinha certeza de que ele deveria ler o currículo como estava escrito. Eu lhe disse que sim, e perguntei logo o que ele estava estranhando. "Não sei", disse ele, "o senhor fala logo no início que é servidor público desde 1974" – olhou para mim, fazendo uma careta, e disse: "servidor público...".

"Infelizmente", disse eu, "é o que o senhor terá de dizer. Pois o que eu vou colocar no lugar desse tempo? A não ser que o senhor diga que eu estive em coma até ontem. Fale como está escrito, disse eu, pois pode ser que eu tenha a sorte de fazer uma boa palestra que contribua para mudar a imagem negativa do servidor público que algumas pessoas na platéia possam ter, e mesmo fora dela, como o senhor."

O princípio da valorização das pessoas não fica diferente em função da natureza da função pública que cada uma exerce. Como em qualquer atividade, o servidor público tem que ser bom naquilo que faz, tem que atuar fazendo alguma diferença para melhor. Caberá à organização pública motivá-lo e prepará-lo para o exercício da função pública.

No serviço público, no entanto, há uma divisão clássica: o grupo dos formuladores e gerentes de programas e projetos, e o grupo dos executores das atividades públicas, estes, em geral, são os que se relacionam diretamente com os cidadãos em nome do Estado.

Os formuladores – *"cérebro da administração pública"* – são os que concebem e formulam políticas. Concentram-se em uma *tecnoestrutura*, que nos moldes da organização industrial de Galbraith coloca o poder de decisão em uma elite (pública) específica, que deve ter como pré-requisito um conhecimento especializado, talento ou experiência (Galbraith, *apud* Alford e Friedland, 1985).

Essa elite, à semelhança da elite burocrática à qual se refere Luciano Martins quando fala da equipe montada por Getúlio Vargas para conceber e implementar planos de desenvolvimento, à medida que não capacitar e qualificar o quadro de servidores, principalmente o de gerentes da administração pública, estará, apesar do discurso e dos projetos, reforçando os serviços públicos de baixa qualidade, em parte pela desmotivação, despreparo e desvalorização daqueles que são os verdadeiros responsáveis pela prestação dos serviços públicos (Martins, 1997).

Em um breve retrospecto, Luciano Martins registra a permanência desses dois grupos de servidores públicos:

"Desde a reforma de Vargas, um duplo padrão foi estabelecido: os altos escalões da administração pública seguiram regras profissionais para ingresso no serviço público, e regras para promoção baseadas no reconhecimento do mérito; os escalões intermediários e operacionais ficaram à mercê de critérios clientelistas e populistas."

(...).

"O *Estado desenvolvimentista* dos anos Kubitschek (1955-60) foi a verdadeira imagem dessas disparidades: ele proveu o governo de uma equipe altamente competente de servidores públicos capazes de projetar e implementar metas ambiciosas de desenvolvimento; e, ao mesmo tempo, os servidores públicos a cargo da burocracia do dia-a-dia continuaram a apresentar padrões extremamente baixos" (Martins, 1997).

Até hoje essa dupla composição permanece. Há uma tecnoestrutura preparada que faz reformas, elabora planos, administra os recursos e formula políticas públicas. Há, também, um grupo significativamente maior de servidores públicos que operam as organizações públicas, técnica e administrativamente, na sua maioria desmotivados, despreparados, e quase sempre considerados pelos seus colegas do alto escalão como a causa principal das mazelas do setor público.

Quando o bom desempenho se torna evidente, é necessário reconhecê-lo, tão necessário como o é a punição para o mau desempenho. Esse reconhecimento é um poderoso instrumento de valorização, podendo ser uma gratificação, uma promoção ou mesmo um elogio, mas tem que ser feito.

Como dissemos, a internalização desse princípio talvez seja, o maior desafio da gestão pública na busca da excelência gerencial e do resgate da construção da boa imagem do serviço público.

3.5 Visão de futuro

A busca da excelência está diretamente relacionada à capacidade de estabelecer um estado futuro desejado que dê coerência ao processo decisório e permita à organização antecipar-se às novas necessidades e expectativas dos cidadãos e da sociedade.

A visão de futuro pressupõe constância de propósitos, agir persistentemente, de forma contínua, para que as ações do dia-a-dia da organização contribuam para a construção do futuro desejado.

A visão de futuro indica o rumo para a organização, e a constância de propósitos a mantém nessa direção.

O processo decisório das organizações pode ser classificado em três tipos distintos: histórico (ou passado), presente e futuro.

Algumas organizações submetem suas decisões ao passado: só decidem como sempre foi decidido, só fazem, em conseqüência, o que sempre foi feito. Há uma lembrança nostálgica que tem poder de regra determinante a ponto de impedir o novo de estimular qualquer tipo de ruptura. O futuro nesse tipo de organização é uma mera projeção do passado, a organização será a mesma, que, por ser pública, tem grande chance de sobreviver, mesmo com outro nome. O planejamento é normativo, não é instrumento de decisão e por isso nessa categoria não há espaço para a gestão proativa.

Outras organizações submetem suas decisões ao presente: decidem a cada problema que lhes bate à porta. Não há rumo predefinido, as urgências não dão espaço às importâncias; não há cálculo estratégico e por isso qualquer problema se torna uma surpresa e parece maior do que na realidade é. Essas organizações, em suas calmarias de final e início de ano, estabelecem metas físicas e financeiras, esquecem tudo ao longo do ano e no final fazem pesados e estéreis relatórios, vários sobre o mesmo tema, tentando provar que o que fizeram tem alguma relação com as metas estabelecidas. Esta prática mecanicista de "pseudoplanejamento" simula nas normas o que em parte deveria fazer, mas não faz. Tem sistema de monitoramento, mas não monitora; tem gestão de restrições, mas não as resolve em tempo de execução; tem sistema de informações, mas não tem informação para suporte à gestão do plano. Nessas organizações, o momento nunca é oportuno, o ano não é apropriado ou é um ano de características muito adversas. É assim porque está amarrada ao presente, pois um ano em um horizonte estratégico, por mais difícil que seja, é impotente para viabilizar uma trajetória de longo prazo.

Raras são as organizações, públicas pelo menos, que dão coerência às suas decisões em função de um futuro desejado. Essas são organizações que não desprezam o passado, porque aprendem com ele; têm maior governabilidade sobre o presente, porque conduzem as ações gerenciando prioridades e desenvolvendo alta capacidade de responder velozmente frente às mudanças – agilidade. Com isso, planos de contingência substituem surpresas, e trajetórias vigorosas dão viabilidade estratégica à visão de futuro.

A gestão pública de excelência, preconizada pelo GESPÚBLICA, é uma organização que tem no futuro desejado o fator de coerência do seu processo decisório.

Aspecto importante da visão de futuro é a inovação. Organizações orientadas ao futuro são organizações que estimulam a criatividade, a busca pelo novo.

Organizações orientadas pelo passado e organizações comandadas pelas urgências do presente praticamente não têm chance de serem inovadoras. Pelo contrário, são organizações exageradamente burocratizadas, apegadas às rotinas, aos rituais e à convicção de que devem continuar assim porque sempre foi assim.

Nesse tipo de ambiente não há inovação, mesmo que alguém, em algum momento, ouse aparecer com uma idéia nova. São organizações que tacitamente excluem o pensar do trabalho e da produtividade – *você está aqui para trabalhar, se quiser pensar, pense em casa* –, assim pensam e às vezes até falam os chefes dessas organizações.

Uma gestão inovadora é provocadora e crítica e, por isso, induz as pessoas à prática da indagação e do questionamento. Nesse ambiente tudo é provisório, mesmo admitindo que os elementos essenciais não são tão provisórios assim.

A inovação em si é apenas o resultado do ambiente inovador, depende da curiosidade consentida, do compartilhamento da pressão causada pelos problemas críticos, da aceitação da dúvida sobre convicções generalizadas de que não há saída. É, a inovação, resultado da mistura da liberdade de sonhar com a permissão para fugir do pesadelo. Tudo isso trabalhado espontânea e exaustivamente pela inteligência sem controle e sem hora marcada até o "big bang" da intuição fazer nascer a idéia, às vezes óbvia, mas singular.

Mais importante do que a inovação enquanto produto, é o ambiente inovador enquanto prática de gestão. Essa prática é, por natureza, antiburocrática e tem nos paradigmas os seus maiores desafios.

3.6 Aprendizado organizacional

A excelência em gestão faz dos órgãos e entidades públicos organizações que aprendem. Essa é uma poderosa estratégia de elevação da qualidade da gestão pública, uma forma segura de atingir e sustentar a excelência gerencial e o alto desempenho.

Transversal a todos os processos e práticas de gestão, o aprendizado, independentemente do processo produtivo, da prática de gestão ou do padrão de trabalho, deve ser um item comum a todas as partes do sistema de gestão organizacional.

Peter Senge, autor de *A Quinta Disciplina*, destaca alguns aspectos que considero importantes para a compreensão da essência e do escopo dessa característica da gestão contemporânea de excelência.

Metanóia – mudança de mentalidade – segundo Senge, é a palavra que melhor descreve o que acontece em uma organização de aprendizagem.

O aprendizado desperta nas pessoas a capacidade de aprender.

Só o aprendizado é capaz de conseguir formar organizações públicas mais coerentes com as aspirações da sociedade.

As disciplinas das organizações de aprendizagem são: o raciocínio sistêmico; o domínio pessoal – o aprendizado de uma organização não pode ser maior do que o dos membros que a contêm; os modelos mentais e o objetivo comum.

Organização de aprendizagem é uma organização que está continuamente expandindo sua capacidade de criar o futuro.

(Senge, 1990)

Desses aspectos ressaltados por Senge, depreende-se com facilidade que a base da mudança efetiva é antes de tudo um processo de aprendizado e este, por sua vez, é essencialmente um trabalho mental a partir do despertar na própria mente do desejo de aprender.

Carlos Matus ao falar de mudança afirmava que era necessário começar pela mente, passar então aos procedimentos e depois, se necessário, pelas leis e organogramas. Não há mudança, não há melhoria contínua sem mudança de mentalidade.

Quando Senge falou dos modelos mentais referiu-se a convicções arraigadas sobre o que pode ou não ser feito, "esses modelos mentais", disse Senge, "são tácitos e poderosos".

O sistema de gestão preconizado pelo GESPÚBLICA é extremamente dependente do aprendizado, pois parte da premissa de que sem haver mudança dos modelos mentais dos servidores e dos cidadãos destinatários dos serviços públicos, não existirá transformação válida e coerente com as aspirações da sociedade.

Para que isso aconteça, é preciso ir além dos problemas e procurar novas oportunidades para a organização. Esse processo contínuo e inesgotável engloba tanto as melhorias incrementais, como as inovações e a ruptura de práticas que deixam de ser necessárias, apesar da competência da organização em realizá-las.

O Modelo de Excelência em Gestão Pública preconizado pelo GESPÚBLICA é empreendedor e, por isso, estimula o espírito inovador e criativo como estratégia para alcançar os resultados institucionais almejados, impregnando na forma usual de funcionamento da organização a preocupação com a definição de novos caminhos e novas oportunidades.

3.7 Foco em resultados
>*"O pior julgamento é aquele que não acontece"*
>(Beltrão, 2002).

Os resultados são os efeitos mediatos e imediatos das ações realizadas por uma organização. Os melhores resultados são aqueles que decorrem de um sistema de gestão de alta capacidade. Em outras palavras, decorrem de um sistema de gestão que zela para que as ações não extrapolem a missão da organização, e que sejam provenientes de metas desdobradas de objetivos formulados a partir de consistente visão de futuro e façam parte da trajetória estratégica para atingir essa visão de futuro.

Estar focado em resultados pressupõe utilizar indicadores que reflitam o posicionamento da organização em relação aos seus planos e metas, às expectativas das partes interessadas e aos referenciais comparativos adequados.

O resultado é o único referencial aceitável na avaliação da gestão de uma organização: os resultados obtidos permitem posicionar qualquer organização pública na escala que vai do fracasso ao sucesso.

O resultado mais importante, que qualifica os resultados precedentes e justifica ou não as ações que o produziram, é aquele que acontece fora da organização que o produz.

> Há algum tempo, fui entregar um documento do Programa em um setor de uma organização. O servidor que recebeu o documento tomou o verso da última folha e apôs um carimbo que mais parecia um *outdoor,* de tão grande.
>
> Como o clima em Brasília àquela época estava muito seco, o carimbo estava um pouco empenado. Com isso, não se podia entender o que estava escrito. O servidor solicitou-me então que rubricasse no texto ilegível do carimbo. Recusei, dizendo que não poderia assinar, pois não estava conseguindo ler o que estava escrito. O servidor respondeu: "Não se preocupe, isso é só para controle da triagem, quando eles virarem o documento e encontrarem essa mancha rubricada o documento passará sem problema."

É por isso que às vezes tenho encontrado alguns relatórios administrativos que relatam uma série de resultados que não teriam sentido numa gestão pública orientada para resultados. Esses relatórios registram coisas do tipo: número de ofícios recebidos, número de ofícios expedidos etc. Será que no próximo ano algum gestor estabelecerá uma meta de dobrar o número de ofícios?

A gestão por resultados tem seu referencial fora da organização que a produz, os processos internos são criados, melhorados e eliminados na medida em que contribuem ou não para a produção com qualidade dos resultados finais da organização pública. Tudo o que estiver fora disso é desperdício, mesmo que seja institucionalizado. No serviço público brasileiro há setores das organizações criados apenas para registros burocráticos, às vezes redundantes e muitas vezes impostos pela tecnoestrutura do Estado, que se locupleta de papel, real ou virtual, sem qualquer benefício para a sociedade, nem mesmo o da transparência, e ainda acarreta o pesado ônus do tributo que, em parte, sustenta uma estrutura administrativa dedicada, em grande parte, a si mesma.

Uma gestão pública voltada para resultados reduz ao mínimo o controle *a priori* e é abundante em monitoramento e avaliação.

Por exemplo, é o ensino em uma escola em relação ao aluno que apreende; o atendimento médico de um hospital em relação ao paciente que é atendido; o registro de uma marca ou patente, em relação à empresa ou cidadão que a solicitou; a construção de uma rede de esgotos em relação às habitações efetivamente ligadas a ela etc. Todos esses são exemplos de gestão pública orientada para resultados.

Não adianta fazer quase tudo bem-feito, obter etapas intermediárias com resultados excelentes, se, no final, o resultado não for atingido, o usuário final não receber o serviço ou produto que deveria receber, com muito valor agregado: economia de recurso público, atendimento à expectativa, pontualidade etc.

A partir dos resultados finais planejados e realizados se estabelecem e se justificam os resultados intermediários que viabilizaram e contribuíram para o atingimento deles. Na administração pública, até sem perceber, é dada muita ênfase aos resultados intermediários, quando não se limita a eles apenas.

Consideram-se aprovadas as gestões que apenas foram legais, sem muitas das vezes terem agregado com isso qualquer valor ao serviço prestado; dá-se importância descabida à construção de prédios suntuosos para abrigar processos judiciais que, apesar disso, continuam tão lentos que geram descrença e uma certa sensação de injustiça para os cidadãos que deles dependem; prestam-se contas à sociedade falando de planos, de extinção, criação e fusão de órgãos, de instituição de comissões especiais e extraordinárias e não de solução dos problemas.

Há, em geral, uma evidente diferença entre o que se diz ser um grande resultado e o que o cidadão espera e gostaria de receber das organizações públicas.

Exemplo mais evidente é o sucesso da arrecadação de tributos, sem dúvida o melhor processo da administração pública. No entanto, quando avaliado como parte da cadeia que produz resultados para a sociedade, evidencia a baixa capacidade da gestão governamental, que não sabe aplicar tanto quanto sabe arrecadar.

Uma gestão pública voltada para resultados deve estar orientada à excelência do que ela produz para os seus usuários. Como não há qualidade que não possa ser medida, esse desempenho deve ser avaliado por um conjunto de indicadores que reflitam as necessidades e expectativas de todas as partes interessadas: usuários diretos, sociedade, servidores, fornecedores e governo.

4. O Modelo

O Modelo de Excelência em Gestão Pública é a representação de um sistema de gestão constituído de sete elementos integrados e interatuantes que concorrem para a construção de órgãos e entidades públicos de alto desempenho. O inter-relacionamento desses elementos dá movimento e direção ao sistema de gestão e produz uma sinergia que potencializa a capacidade de planejar, organizar, decidir, executar e controlar a produção de resultados.

No mundo real não há situação ou ambiente que possa ser enquadrado com precisão e detalhes nos princípios e características dos modelos teóricos, que, pelo simples fato de serem modelos, são, necessariamente, reduções de realidade feitas a partir da exaltação de características marcantes dessa realidade e que guardam, essas características, certa lógica interna.

Dessa forma, os modelos podem ser aplicados a várias realidades de natureza semelhantes facilitando a análise e a compreensão dessas mesmas realidades. No entanto, os modelos, por serem reduções da realidade, são pobres uma vez que não percebem detalhes particulares que uma situação real específica pode oferecer. A figura a seguir representa graficamente o Modelo, destacando a relação entre suas partes.

Representação Gráfica do Modelo de Excelência em Gestão Pública

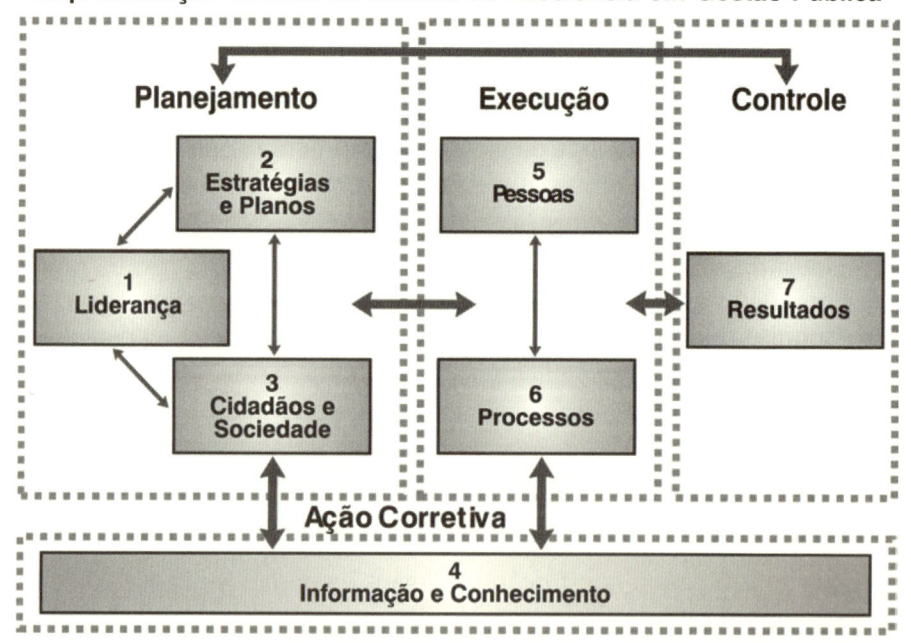

```
Planejamento          Execução           Controle

    2                    5
Estratégias           Pessoas
e Planos

    1                                      7
Liderança                               Resultados

    3                    6
Cidadãos e           Processos
Sociedade

              Ação Corretiva

                    4
         Informação e Conhecimento
```

4.1 Planejamento: o primeiro bloco

O primeiro bloco – planejamento – é constituído de três elementos direcionadores da ação e do sistema de decisão da organização pública:

- a liderança é o elemento promotor do movimento organizacional: atua nas definições estratégicas, na motivação e na provisão dos meios; seus principais instrumentos são a vontade, a decisão e o exemplo;

- as estratégias e os planos são o pensamento contínuo sobre o futuro desejado e sobre a melhor forma de atingi-lo, considerando o ambiente e a capacidade (recursos de toda ordem) para realizá-lo;
- os cidadãos e a sociedade são os mantenedores e demandantes do Estado e, ao mesmo tempo, destinatários de sua ação e dos seus serviços.

Esse primeiro bloco representa uma nova relação de forças do sistema de gestão, se comparado aos modelos tradicionais de gestão pública:

- O principal requisito do chefe é a liderança – um órgão público não atingirá excelência em gestão sem que as pessoas investidas de cargos de direção em nível estratégico não preencherem os requisitos imprescindíveis de liderança: o estilo participativo de gestão, o exemplo pessoal de conduta e de apego aos valores da administração pública e a prestação pública das contas, dentre outros.
- A superioridade da estratégia em relação ao plano. O *estado futuro* desejado e o cálculo de viabilidade para atingi-lo são produtos nobres da estratégia. Tal procedimento requer análise de ambientes, de atores, de forças e motivações. É uma análise que depende de método e técnica, cujo resultado – a estratégia – por ser necessariamente singular, é um *estalo* que acontece sem método, sem técnica, sem hora marcada. A estratégia é percepção pura, cujos insumos vêm da experiência e da inteligência.
- O cidadão é o proprietário e a sociedade é a assembléia deliberativa que se manifesta pela voz e pelo voto dos seus membros – enquanto a gestão pública continuar a ter por fundamento os paradigmas de servir à burocracia, de cultuar e gerenciar o poder pelo poder e de interpretar as demandas da sociedade sem dialogar com ela, não será possível ter sucesso na mudança para uma gestão com qualidade, conseqüentemente de criar valor positivo para o setor público junto ao cidadão que o mantém.

4.2 Execução: o segundo bloco

O segundo bloco – execução – é "o centro prático da ação", pessoas preparadas e motivadas executando processos bem concebidos produzem os resultados esperados pelo órgão ou entidade e constroem o futuro desejado.

Pessoas e processos são indivisíveis quando se trata de produzir resultados previamente definidos por objetivos e metas.

Pessoas preparadas e comprometidas em processos maldefinidos, assim como processos bem definidos com pessoas despreparadas e indiferentes, é garantia de fracasso e evidência incontestável de incompetência gerencial, de conseqüência mais grave ainda, pois, invariavelmente, chegar-se-á a pessoas e processos em níveis alarmantes de baixa qualidade.

Nesses casos, a "parte boa" – pessoas ou processos – não tem musculatura suficiente para recuperar a "parte ruim", o poder necessário à mudança não está nem no processo, nem nas pessoas enquanto agente, está na capacidade de gestão.

Uma vez ouvi um diretor dizer que em sua equipe de 48 pessoas, apenas, segundo ele, "uma meia dúzia efetivamente trabalhava e tinha competência para executar os trabalhos afetos ao departamento, os demais eram desmotivados e atrapalhariam mais se tentassem fazer alguma coisa". Esse diretor não está com um problema de três dúzias e meia de pessoas desmotivadas e incompetentes, ele está com um grave problema de incompetência gerencial que se torna ainda mais grave porque nem capacidade de identificá-lo esse e tantos outros gerentes têm.

4.3 Controle: o terceiro bloco

O terceiro bloco – controle – é a verificação, pelos resultados, do grau de eficiência, eficácia e efetividade.

O grande diferencial do Modelo de Excelência em Gestão Pública, neste bloco, é que o monitoramento[29] é um mecanismo congênito do sistema de controle, do contrário o Modelo seria, em sua essência, reativo.

---

[29] Mecanismo de verificação programada ou estimulada de desvios ou de sinais precursores de desvios, indicados em tempo de execução, pelos mecanismos de controle de uma atividade ou projeto.

As estratégias e os planos são "obras abertas", as ações são os meios para transformá-las em resultados. Nesse sentido a estratégia e os planos "se fecham" quando frutificam em resultados efetivos. Sem eles, a eficiência e a eficácia não têm valor, são apenas evidência de esforço inútil.

4.4 Ação corretiva: o quarto bloco

O quarto bloco diz respeito à gestão da informação e do conhecimento, é a inteligência da organização. As ações corretivas permitem medir com precisão as diferenças entre previsão e resultado, dão qualidade ao processo decisório, corrigem desvios, aperfeiçoam e inovam além de representarem o espaço do aprendizado organizacional.

Os mecanismos de monitoramento do sistema de controle garantem a oportunidade da análise das informações disponíveis e da utilização do capital intelectual da organização para que, em plena execução do plano, sejam realizadas ações corretivas onde for necessário: na estratégia, no plano, na composição e preparo das equipes e até mesmo no próprio sistema de controle do plano.

A localização da ação corretiva na parte de informações e conhecimento do Modelo sugere uma utilidade dos sistemas de informação e do capital intelectual que a organização acumulou.

Informações e conhecimentos pressupõem, portanto, capacidade para corrigir e aperfeiçoar estratégias, planos e ações, e para produzir resultados efetivos.

Essa abordagem referente a esse quarto bloco poderá soar como alucinação para aqueles gestores que estão acomodados sobre verdadeiras montanhas de informações – desatualizadas e redundantes – que lhes conferem alta imprecisão e incerteza no momento da tomada de decisão.

Da mesma forma, parece alucinação para aqueles gestores que se vangloriam da quantidade de horas de capacitação de seus servidores, de ter implementado um depósito de experiências ao qual chamam estupidamente de gestão do conhecimento e que acaba por não produzir benefício algum além do vão orgulho pessoal e intransferível de estar, a seu modo, utilizando os recursos modernos das tecnologias de gestão.

5
A avaliação do sistema de gestão

"Se vislumbrar a possibilidade de realizar a avaliação da gestão apenas uma vez, desista. Será um esforço inútil e tanto mais prejudicial quanto maior for o grau de motivação das pessoas para realizá-lo."
"Em tempo: livre-se do adereço burocrático de fazer um relatório da avaliação, a não ser que seja para concorrer a um prêmio."

Daniel
Fortaleza, 14/6/2005

1. A avaliação

Na administração pública brasileira, a prática da avaliação manifesta-se de diversas formas, a mais comum e institucionalizada estando ligada à função de controle, com forte ênfase nas questões ligadas ao cumprimento de requisitos legais, principalmente aqueles que dizem respeito ao uso de recursos financeiros.

Nesse controle, o espectro da avaliação é extremamente limitado – transita entre a metafísica e financeira e os seus resultados diretos – é o curto caminho entre o previsto e o realizado.

Essa é uma avaliação válida e necessária, tanto quanto é parcial e insuficiente, pois não considera objetivos e resultados de longo prazo, dos quais as metas são elos importantes, mas intermediários.

A avaliação de resultados que ateste o atingimento de futuros desejados é o caminho que qualquer sistema de avaliação deveria percorrer. Qualquer caminho menor do que este não tem autoridade para atestar valor público e muito menos regularidade da gestão.

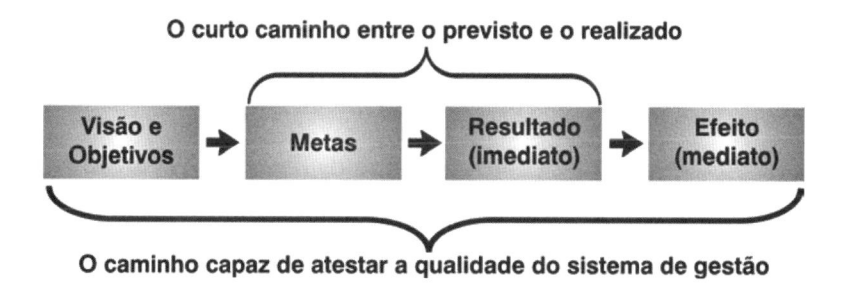

O curto caminho entre o previsto e o realizado

Visão e Objetivos → Metas → Resultado (imediato) → Efeito (mediato)

O caminho capaz de atestar a qualidade do sistema de gestão

Por não considerar os extremos estratégicos, de dimensão teleológica, os atuais sistemas de controle não oferecem qualquer garantia de qualidade em gestão, pois podem estar declarando eficiente e eficaz uma gestão que não é.

Assim, é possível igualar o previsto ao realizado, o liberado ao executado e, no entanto, não avançar um palmo sequer na direção dos objetivos que expressam as demandas sociais.

Há uma prática de avaliação, ainda rara na administração pública brasileira: a avaliação do sistema de gestão. Essa forma de avaliar procura medir a capacidade do sistema de gestão de produzir e manter bons resultados. Aqui o resultado é entendido como *"efeito final proveniente de decisão estratégica e processos operacionais"* (Camilo, 2003).

Avaliar um sistema de gestão real implica verificar em que medida esse sistema real se aproxima da composição, da direcionalidade e dos princípios e características do sistema-modelo.

A composição diz respeito aos elementos que integram o sistema-modelo:

- a direção tem que se caracterizar pelo exercício da liderança;
- o planejamento requer planos que decorram da percepção estratégica e, assim, integrem a estratégia organizacional;
- o cidadão e a sociedade são – a um só tempo – os mantenedores da organização e os destinatários dos seus serviços;
- a qualidade da decisão e a competência no cumprimento da missão devem estar alicerçadas na gestão corporativa da informação e do conhecimento;
- a força de trabalho da organização pública requer profissionalização, sanção e reconhecimento;
- os processos são os centros práticos da ação que transformam objetivos e metas em resultados;
- os resultados só podem ser considerados relevantes se decorrentes do sistema de gestão e a eficiência e a eficácia desse mesmo sistema só podem ser avaliadas a partir dos efeitos delas na geração de ganhos sociais.

A direcionalidade do modelo é expressa pelo sentido do movimento interno dos seus elementos, cujo fim é produzir os efeitos sociais desejados com eficiência e eficácia.

Os princípios e as características, apresentados no capítulo anterior, representam a natureza pública do modelo de referência e os traços que o classificam como sistema de gestão da classe mundial.

Para o GESPÚBLICA, avaliar é comparar o sistema de gestão de um órgão ou entidade público com o Modelo de Excelência em Gestão Pública.

A utilização pura e simples do modelo na avaliação de sistemas reais de gestão tornaria o trabalho extremamente subjetivo e, portanto, frágil em termos de comparabilidade e de informações objetivas para orientar processos de melhoria.

A solução adotada foi a *tradução* dos elementos do sistema-modelo em critérios de avaliação. A objetividade foi alcançada pelo desdobramento desses critérios em itens e requisitos que, juntos, abordam plenamente a composição, a direcionalidade, os princípios e as características do modelo.

Resta, ainda, um longo caminho de aperfeiçoamento, principalmente dos avaliadores, pelo menos em relação à capacidade de perceber que o sistema é superior às práticas e que os efeitos transformadores são os únicos parâmetros para atestar o grau de eficiência e de eficácia dos resultados que o sistema produz e, portanto, do grau de qualidade do próprio sistema de gestão.

O modelo	A "tradução"	A realidade
Estrutura, direção, princípios e características	Instrumentos para avaliação da gestão	Práticas de gestão e resultados de um órgão ou entidade pública

Comparação

O nível de qualidade do sistema de gestão é calculado por meio de instrumentos objetivos de avaliação, mas o resultado desse cálculo indica o tamanho do intervalo entre o sistema de gestão da organização avaliada e o Modelo de referência.

Portanto, é preciso fazer dos instrumentos de avaliação da gestão meio e não o ponto final dela. Tenho percebido que os relatórios de avaliação – RA – e as validações externas se referem muito pouco, para não dizer nada, ao Modelo, enquanto padrão comparativo.

Há um salto, de caráter subjetivo, mas de valor inegável, que precisa ser dado após a avaliação mecanicista (e neste aspecto burocrática) resultante da aplicação de um dos instrumentos de avaliação do GESPÚBLICA: é agregar análise comparativa dos resultados objetivos da avaliação com o Modelo de forma a estabelecer, mesmo que subjetivamente, conclusões como:

- o quanto a organização avaliada encadeia suas práticas de gestão de forma a tornar evidentes os resultados esperados por tais práticas.

    Uma boa prática nem sempre garante bom desempenho. Existem organizações de baixo desempenho com pessoas bem-humoradas e felizes. As boas práticas têm o poder de encantar, dão até prêmio, e com isso levar os avaliadores a atribuir à organização um padrão de qualidade que ela não tem;

- o quanto a organização avaliada está dirigida para o cidadão e a sociedade, mesmo sendo um órgão interno da administração pública.

    O serviço "cego" à burocracia tem gerado resultados que não interessam à sociedade, pelas externalidades negativas que a impactam;

- o quanto a organização avaliada é eficiente para gerar resultados que respondem a sua missão e aos seus objetivos estratégicos.

    Há muita *eficiência* em processos desnecessários e de alto desempenho na produção de resultados inúteis;

- o quanto a organização avaliada tem sido orientada pela visão de futuro.

    Quantas organizações submetem seus servidores a rotinas de tempo integral, algumas dessas rotinas certificadas por padrões internacionais, privando sua força de trabalho de ambiente provocativo, fértil para a inovação e propício à construção da visão de futuro.

É necessário implementar na avaliação da gestão a prática do *retorno ao Modelo*, assim que o diagnóstico dos pontos fortes e das oportunidades de melhoria esteja concluído.

Há três ganhos imediatos nessa dimensão da avaliação:

- agrega à avaliação a garantia de fidelidade ao Modelo de Excelência em Gestão Pública;
- elimina, ou pelo menos reduz, o grau de cegueira do avaliador ao fazê-lo ater-se ao sistema de gestão e não à *beleza plástica* de algumas práticas de gestão;
- contribui efetivamente para o aperfeiçoamento dos instrumentos de gestão; aperfeiçoamento entendido como exaustivo conjunto de requisitos pelos quais os sistemas de gestão das organizações possam ser comparados com o Modelo de referência.

2. Sistema de gestão

Sistema de gestão é qualquer conjunto de práticas de planejamento, organização, direção, coordenação e controle integrados e interatuantes que concorrem para a produção de resultados finalísticos que a missão organizacional impõe que sejam produzidos.

Práticas isoladas, por melhores que sejam, não garantem qualidade ao sistema de gestão. Embora sejam essas boas práticas importantes e um bom começo, não são suficientes, pois o que está em jogo é o vigor do sistema para produzir resultados determinados pela missão da organização.

Tal vigor do sistema de gestão provém do equilíbrio interno de suas práticas. Um conjunto equilibrado de práticas de razoável qualidade produz, em geral, melhores resultados do que excelentes práticas num sistema inadequado e sem rumo.

Não é raro organizações de baixo desempenho terem práticas inovadoras e excelentes.

Há uma forma objetiva e segura para atestar a qualidade de um sistema de gestão:

- questionar sobre seus resultados finalísticos – é preciso estar atento para não se deixar enganar ou seduzir pelos resultados intermediários;
- procurar evidências que atestem que tais resultados são conseqüência do sistema de gestão.

Bons resultados, mas descontinuados, sem perspectivas positivas e sem referenciais comparativos; bons resultados intermediários, como "eficiente redução de custos" e "atingimento integral de metas físicas e financeiras" satisfazem aos "mecânicos do planejamento", são ótimos para encher discursos vazios, mas atestam com segurança a baixa qualidade do sistema de gestão e a deficiência gerencial que cuida da *res-pública*.

3. As cadeias produtivas do setor público

O GESPÚBLICA tem sido orientado para a melhoria da qualidade do sistema de gestão dos órgãos e entidades públicos.

Esses órgãos e entidades, no entanto, não estão soltos, são elos de uma ou mais cadeias que produzem serviços públicos à sociedade.

Um órgão ou entidade prestador de serviço público direto ao cidadão, por exemplo, é apenas um dos elos de uma cadeia complexa integrada por órgãos da mesma esfera de governo (alguns hierarquicamente superiores), órgãos de outras esferas de governo e de outros poderes e organizações não pertencentes ao aparelho do Estado. Os elos mais comuns na produção de qualquer serviço público são:
- os elos formuladores;
- os elos normativos;
- os elos controladores;
- os elos orçamentários e financeiros;
- os elos sindicais.

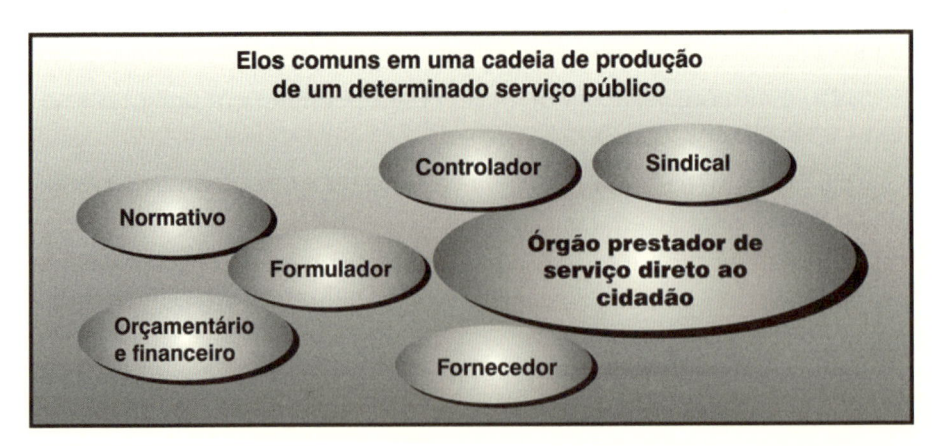

Elos comuns em uma cadeia de produção de um determinado serviço público

- Controlador
- Sindical
- Normativo
- Formulador
- Órgão prestador de serviço direto ao cidadão
- Orçamentário e financeiro
- Fornecedor

A identificação, pelo menos aproximada, dessa cadeia na qual se insere o órgão ou entidade é essencial para entender o ambiente externo próximo do qual atua o órgão ou entidade.

Sem uma razoável compreensão da cadeia na qual se insere o órgão ou entidade, a capacidade de formulação estratégica fica extremamente baixa e a viabilidade para atingir a visão de futuro e os objetivos estratégicos pode não existir.

A qualidade do sistema de gestão de um órgão ou entidade tem um limite determinado pela qualidade do sistema de gestão do órgão ou entidade mais fraco da cadeia na qual está inserido.

O atraso no fornecimento de remédios, por exemplo, pode não ser do hospital, mas do órgão orçamentário e financeiro que burocratizou excessivamente a liberação do recurso ou o contingenciou, ou as duas coisas juntas.

A baixa qualidade desse elo orçamentário e financeiro limita a qualidade do hospital e o penaliza em termos de desempenho, de satisfação de seus usuários e de imagem junto à comunidade em que atua.

Quando um órgão ou entidade é avaliado, todos os aspectos negativos[30] da cadeia na qual está inserido recaem sobre ele, assim como os aspectos positivos, pois não se trata de fazer concessões às mazelas da administração pública brasileira e, sim, de transformá-la na direção da rentabilidade social, da geração do bem-comum.

Não é possível ser excelente em gestão pública quando se é muito capaz na gestão dos processos internos, mas não se tem igualdade de capacidade na gestão dos processos que atendem diretamente o cidadão e a sociedade.

4. Avaliação da gestão: a estratégia da auto-avaliação

4.1 Avaliar: medir e descrever

Avaliar a gestão de um órgão ou entidade público é verificar o grau de aderência das suas práticas gerenciais ao Modelo de Excelência em Gestão Pública preconizado pelo GESPÚBLICA.

---

[30] Exemplos mais citados são a gestão de pessoas e a gestão de suprimentos dos órgãos e entidades extremamente penalizados em função das leis que regem esses dois processos públicos.

A prática é a unidade celular da avaliação. A prática de gestão é a unidade celular da avaliação. Prática de gestão é a atividade de "condução das funções de uma organização" (Camilo, 2003).

Cada prática de gestão que responde plenamente a um ou mais requisitos ou mesmo a parte de um requisito é considerada *ponto forte* do sistema de gestão.

Qualquer variação para menos e que comporte uma ação de melhoria é considerada "oportunidade de melhoria".

As práticas de gestão de uma determinada organização não guardam, necessariamente, relação de quantidade e abrangência com os requisitos de avaliação dos critérios. Embora haja tendência de se limitar a prática ao conteúdo de um requisito, nem sempre é possível, pois a prática da gestão é da organização e, eventualmente, poderá responder a mais de um requisito específico.

Uma prática de gestão pode conter elementos importantes de vários requisitos sem mesmo atender plenamente a nenhum deles. Não é possível estabelecer quantas práticas cada requisito comporta, mesmo que para alguns, aqueles de maior densidade, possa haver apenas uma prática como, por exemplo, a formulação de estratégia na organização. Dificilmente haverá mais de uma prática dessa natureza.

Em um processo de avaliação da gestão, a pontuação "mede" a distância da gestão da organização em relação ao modelo de excelência; as oportunidades de melhoria a "descrevem". A distância entre o que a organização é e o que deveria ser define seu espaço de melhoria.

O primeiro ciclo e os ciclos subseqüentes permitirão medir e avaliar comparativamente os avanços conseguidos.

Qualquer órgão ou entidade público, independentemente de poder ou esfera de governo e natureza de sua atividade, pode implementar a avaliação continuada da gestão disponibilizada pelo GESPÚBLICA.

4.2 Requisitos para o sucesso da auto-avaliação

Para não fazer da avaliação um esforço inútil, de desmotivação e de desperdício de recursos, principalmente de tempo e de humor, é imprescindível:

1. realizá-la em ciclos contínuos;
2. empreender pelo menos uma ação vigorosa de melhoria entre uma avaliação e outra;
3. monitorar a implementação das melhorias ao longo do caminho entre uma avaliação e outra.

4.3 A auto-avaliação como instrumento de mudança gerencial

A auto-avaliação, como o próprio nome sugere, deve ser um evento interno da organização, sistemático e compartilhado com todos os servidores.

A auto-avaliação, por ser um olhar e uma reflexão da organização sobre si mesma, deve prescindir de apoio externo, exceto para capacitar os servidores para atuarem como facilitadores.

Não é bom fazer a auto-avaliação com pessoas que não pertencem à organização, mesmo que de notório saber técnico. Essas pessoas podem ajudar à distância, orientando sobre enquadramento de práticas, resultados, técnica de pontuação etc.

É comum, em um processo de auto-avaliação, principalmente nos primeiros ciclos, que os servidores cometam equívocos nos enquadramentos de algumas práticas e resultados em relação aos requisitos do instrumento para avaliação.

Outro comportamento comum dos avaliadores da organização é a tendência de supervalorizar práticas e resultados, atribuindo uma pontuação superior àquela que uma análise isenta recomendaria. O comportamento contrário também não está fora de consideração, embora com menos freqüência, ou seja, o de ser excessivamente rigoroso no processo de pontuação.

Ciclos contínuos de auto-avaliação e melhoria corrigem tais distorções. A experiência tem demonstrado que a partir do terceiro ciclo já há uma capacidade técnica suficiente para reduzir esses equívocos, deixando apenas um resíduo praticamente insignificante, decorrente da subjetividade contida naturalmente na atribuição de valor objetivo a fenômenos naturalmente subjetivos.

A avaliação em si não transforma, não melhora nem produz qualidade: é apenas um resultado relativo, porque comparado, que sinaliza os pontos de melhoria do sistema de gestão.

O diferencial de qualidade da avaliação está no tipo de mudança que ela promove e na maneira como essa mudança acontece.

Em primeiro lugar, melhorar um sistema de gestão é melhorar o conjunto de suas práticas e fazer isso continuadamente. Tal processo de melhoria é, por si só, uma prática de gestão que produz aprendizado e mudança de hábito. Por esse motivo, é mais complexa, mais lenta e não se limita a recursos meramente burocráticos de edição e revogação de normas, de adoção pura e simples de métodos e ferramentas e até mesmo de mudanças de salas, alterações de divisórias e mudanças de organograma e de nomes das unidades.

Embora esses tipos de mudança tão comuns na história da Administração Pública Brasileira não sejam desprezíveis, pois têm sua importância relativa em determinadas situações, são normalmente realizados em momentos em que pouco ou nada podem oferecer para melhorar a gestão, muito menos para colocá-la em patamares de qualidade e desempenho superiores.

Em segundo lugar, a avaliação da gestão implica refletir sobre como as práticas são praticadas. Por fazer isso continuamente há um aprendizado e não apenas a melhoria dessas práticas.

O registro das práticas de gestão já no primeiro ciclo de auto-avaliação e o acompanhamento das correções e melhorias realizadas são maneiras de visualizar com facilidade o *estado da arte da gestão* da organização e todo o seu processo evolutivo.

Além disso, esse registro das práticas reduz significativamente o tempo e o esforço despendidos na realização dos ciclos de auto-avaliação e melhoria subseqüentes. Tal procedimento permite dedicar mais tempo para análise e interpretação, normalmente e indevidamente menos aquinhoados com esse recurso.

A seguir está um formato, a título de sugestão, do que poderia ser o *repertório de práticas* do sistema de gestão de uma organização.

Repertório de Práticas de Gestão		
Nome da prática:		
Enquadramento		
Critério(s):	Item ou itens:	
Alínea(s):	Desdobramento(s):	
Descrição		
Como: (descrição da atividade executada para condução das funções da organização)		
Padrões: (regras orientadoras, etapas e níveis que se pretende atingir)		
Controle e melhoria: (descrição da rotina de controle e melhoria e da capacitação em caso de melhoria)		
Unidades/setores em que a prática é utilizada:		
Início: /	Última correção/melhoria: / /	Responsável:

4.4 Auto-avaliação: práticas e resultados

O sistema de gestão, como foi dito anteriormente, é um conjunto de práticas. No entanto, uma avaliação para determinar a qualidade desse conjunto não pode se limitar a ele, sob pena de valorizar conteúdos que podem não ser tão qualificados assim. Avaliar um sistema de gestão pressupõe avaliar, também, os resultados que ele é capaz de produzir e sustentar.

Na avaliação de sistemas de gestão algumas boas práticas são apenas algumas boas práticas porque em termos de desempenho e qualidade de gestão podem dizer pouca coisa ou até mesmo nada.

No entanto, um conjunto de práticas, mesmo que a maioria delas não tenha o brilho daquelas que ganham concursos, pode surpreender pela capacidade desse conjunto de produzir bons resultados, traduzidos em desempenho alto e sustentado.

Há desperdício considerável quando a preocupação com a qualidade se concentra em ações isoladas de melhoria, principalmente quando essa melhoria se vale apenas de métodos e técnicas e despreza a internalização de valores e paradigmas que dariam sentido e significado a tantos esforços que se tornaram inúteis pela ausência desses valores maiores.

A auto-avaliação compreende a avaliação das práticas de gestão e dos resultados da organização.

O primeiro sinal de qualidade do sistema de gestão é dado pelo equilíbrio ou não da distribuição da qualidade das práticas nos seis critérios – Liderança; Estratégias e Planos; Cidadãos e Sociedade; Informação e Conhecimento; Pessoas e Processos – e pela evidência ou não de serem os resultados conseqüência direta dessas mesmas práticas.

A boa distribuição das práticas de gestão pelo sistema pode ser evidenciada:

- pela relativa proximidade das pontuações dos diversos critérios, mesmo que em níveis de pontuação relativamente baixos;
- pela manutenção das pontuações de práticas e resultados próximas às proporções estabelecidas no instrumento de avaliação;

- pela integração das práticas entre si e delas com os resultados, formando verdadeiras cadeias de produção de resultados, evidenciando, dessa forma, a dinâmica e a direcionalidade intrínseca ao Modelo de Excelência em Gestão Pública.

Eis alguns exemplos[31] dessas cadeias de práticas de gestão e seus resultados, em que estão destacadas apenas as ligações diretas das práticas entre si e destas com os resultados:

Excelência dirigida ao cidadão

Liderança	Estratégias e Planos	Cidadãos e Sociedade	Pessoas	Processos	Resultados
1.1-A	2.1-D/E	3.1-A a D		6.1-A	7.1
1.3-A	2.2-C	3.2-A a D	5.2-A/B	6.4-A	7.2
	2.3-B/E	3.3-A/B			7.6

Gestão baseada em processos

Liderança	Estratégias e Planos	Processos	Resultados
			7.1
			7.2
1.1-A	2.1-A/E		7.3
1.2-B/D/F	2.2-A a D	6.1-A a E	7.4
1.3-A a C	2.3-A a E	6.2-A a E	7.5
			7.6
			7.7

Valorização das pessoas

Liderança	Estratégias e Planos	Cidadãos e Sociedade	Informação e Conhecimento	Pessoas	Resultados
1.1-A a C	2.1-B/D/E			5.1-A a E	
1.2-A /C/D	2.2-A/C	3.3-C/D	4.1-C	5.2-A a D	7.4
1.3-A/C	2.3-B/E		4.3-A/C	5.3-A a D	

---

[31] Elaborados com base no Instrumento para Avaliação da Gestão Pública do GESPÚBLICA – 1.000 pontos – ciclo 2006.

A diferença acentuada entre o percentual total da pontuação das práticas de gestão em relação ao percentual total da pontuação dos resultados pode ser decorrente de erro de avaliação, por considerar relevante um resultado que não é. No entanto, essa diferença pode estar indicando baixa capacidade do sistema de gestão de produzir resultados, seja no caso em que essa diferença esteja entre uma pontuação alta das práticas de gestão em relação aos resultados, ou vice-versa.

No primeiro caso, há boas práticas, mas não há um bom sistema de gestão; no segundo caso, há bons resultados, mas não são decorrentes do sistema de gestão que, portanto, também não é bom.

A técnica de auto-avaliação trabalha com alguns fatores que auxiliam na identificação e análise das práticas e dos resultados.

Embora muitos avaliadores do GESPÚBLICA considerem esses fatores apenas no momento da pontuação, na realidade esses fatores deveriam ser utilizados como filtros para a seleção das práticas e dos resultados, como instrumentos de análise para qualificar a prática e, por fim, como regras de enquadramento nas faixas de pontuação.

Outra grande contribuição à auto-avaliação dada por esses fatores é a objetividade que dão a um trabalho caracteristicamente subjetivo. O benefício dessa contribuição é impedir que a auto-avaliação se torne um "muro de lamentações", uma "caça aos culpados" e um processo exaustivo, sem conseqüências que compensem o esforço empreendido.

4.4.1 Fatores de análise das práticas de gestão

O GESPÚBLICA utiliza seis fatores para qualificar uma prática de gestão:
- adequabilidade;
- proatividade;
- refinamento;
- inovação;
- disseminação;
- continuidade.

Adequabilidade — A adequabilidade é expressa pelo grau de compatibilidade de uma determinada prática de gestão com um ou mais requisitos de avaliação e com o perfil[32] do órgão ou entidade, objeto da avaliação.

A proatividade é a capacidade da prática de gestão de fornecer sinais ao gerente de que algum fenômeno – positivo ou negativo – entrou no espaço possível da organização. A interpretação correta desse sinal permitirá ao gerente aproveitar a oportunidade ou eliminar/reduzir os efeitos, respectivamente, se o fenômeno for positivo ou negativo. **Proatividade**

Sistemas de gestão proativos são aqueles que "dão sinais do que pode acontecer", pois são portadores de mecanismos prospectivos que permitem responder velozmente frente à mudança, reduzir a imprevisibilidade dos fenômenos e garantir a viabilidade de seus planos.

Papel importante desempenha o sistema de gestão em organizações formuladoras de políticas públicas, na medida em que necessitam ter capacidade de perceber sinais do ambiente para antecipar-se no atendimento às demandas da sociedade.

Exemplo de falta de proatividade está sendo dado pela baixa capacidade de resposta de diversos órgãos e entidades públicos em relação aos repetitivos e claros sinais dados pelo empresariado de seu descontentamento com a quantidade de exigências desnecessárias que pesa sobre quem tem sob sua responsabilidade o ciclo de vida de uma empresa.

Nada foi feito apesar dos primeiros, segundos e tantos sinais. O que está acontecendo agora é uma atitude reativa, mais voltada para eliminar perdas políticas do que para tornar o país mais competitivo.

Há cerca de um ou dois anos, quando organismos internacionais classificaram o Brasil entre os países mais burocráticos do mundo, o setor público, notadamente o Ministério do Planejamento, Orçamento e Gestão – por ter sob sua responsabilidade o desafio da Desburocratização – e o

---

[32] O perfil de uma organização é definido, basicamente, por sua natureza jurídica, sua missão, seus processos finalísticos, seus usuários e sua força de trabalho.

Ministério do Desenvolvimento, Indústria e Comércio Exterior, reagiram e tentaram de forma desencontrada prestar apoio e solidariedade, sem sucesso, à causa da competitividade.

Na verdade, foram atropelados pela demanda e a (re)ação decorrente foi fruto da constatação tardia da perda política. A gestão continua insensível, carece de práticas que lhe dêem a sensibilidade necessária.

Refinamento — O refinamento não é uma característica intrínseca das práticas de gestão, mas um atributo delas que evidencia estarem essas práticas submetidas ao ciclo de aprendizado preconizado pelo GESPÚBLICA (Item 4.5 deste capítulo).

A inovação é o fator que analisa as práticas do sistema de gestão quanto ao seu ineditismo, pelo menos para o ramo de atividade do órgão ou entidade. **Inovação**

A prática é inovadora quando é singular, quando tem alguma dimensão de ineditismo: pode ser uma ruptura de paradigma para a gestão contemporânea, para a gestão brasileira, para a gestão de um determinado setor ou apenas para a própria organização.

Para evitar erros no processo de avaliação do sistema de gestão, os fatores *adequabilidade, proatividade, refinamento* e *inovação* devem ser entendidos e aplicados de forma correta. Nossos especialistas em avaliação às vezes têm feito aplicações equivocadas desses fatores e o GESPÚBLICA, em parte, deixou-se influenciar transportando para a fórmula de pontuação, de forma sutil, parte desses equívocos na aplicação desses fatores. Considerando o nível da excelência, os demais níveis são desdobramentos para menos, é essencial entender que:

- haja práticas adequadas a todos os requisitos;
- algumas, ou mesmo a maioria (cerca de 75%) das práticas de gestão podem ser proativas. No entanto uma prática para ser excelente não tem que ser necessariamente proativa, pois a não-proatividade não significa necessariamente reatividade; a maioria das práticas de gestão talvez não seja nem uma coisa nem outra, apenas boas e adequadas;

- seria mais apropriado ser exigido de todas as práticas de gestão, pois essas deveriam estar submetidas sistematicamente ao ciclo de aprendizado, o refinamento e não a proatividade;
- a inovação é um atributo temporal e, por isso, passageiro da prática; o sistema de gestão deve ter característica inovadora, evidenciada, como expresso nas regras de pontuação do GESPÚBLICA, por algumas práticas inovadoras, a cada ciclo de avaliação e, seguramente, por práticas diversas em cada ciclo.

Disseminação — Uma prática de gestão está disseminada quando todas as áreas ou processos da organização compatíveis com uma determinada prática a adotam.

O ponto principal da questão da disseminação está em responder a duas perguntas:
- para quais setores e processos esta ou aquela prática de gestão é adequada?
- para quais desses setores ou processos esta ou aquela prática foi disseminada?

A disseminação admite graus entre a condição de não-disseminada (opera apenas no setor ou processo que a gerou) até a disseminação em todos os processos ou setores para os quais é compatível.

A disseminação é importante fator de aprendizado organizacional, pois exige preparação dos setores ou processos para operá-la e na maioria das vezes exige algum esforço de adaptação (customização). Esses dois aspectos propiciam momentos de aprendizado gerencial, tanto para quem recebe a prática como para quem a dissemina.

A disseminação é fator importante de eficiência e eficácia – reduz tempo e custo porque elimina esforço desnecessário para desenvolver soluções já aplicadas e testadas.

Apesar de aparentemente óbvia e teoricamente incontestável, a disseminação só acontece, na maioria dos casos, com o empenho da alta administração. Os "nichos menores de poder" nas secretarias, nos departamentos, nas coordenações, nas divisões e nos setores não disseminarão nada e muito menos irão aceitar soluções comuns. Sob o argumento da singularidade de suas tarefas submetem a organização a despesas desnecessárias com projetos, consultores, compras e viagens que, em certos casos, afrontam o bom-senso, ridicularizam os dirigentes e assaltam o cidadão contribuinte.

Continuidade Uma prática de gestão após três anos de sua implementação é uma prática continuada. Essa prática está em via de se transformar num hábito.

A continuidade é fator crítico de sustentação dos resultados da organização. A operação continuada de uma prática e seu controle e melhoria contínuos são definidores da relevância ou não dos resultados produzidos pelo órgão ou entidade.

Continuidade, por outro lado, não é continuísmo. As práticas de gestão não podem se perpetuar sob o argumento de que "sempre foi feito assim".

Avaliar as práticas de gestão com a lente da continuidade é buscar evidências que comprovem a manutenção dos princípios e das características da gestão de excelência e não a permanência de determinado modo de fazer as coisas.

Um determinado órgão, por exemplo, há mais de três anos tornou participativa sua prática de formulação de estratégias, até então restrita à alta administração. Passou, a partir de então, a envolver servidores e usuários na definição de seus rumos, no estabelecimento das prioridades e na gestão, principalmente no monitoramento dos planos. De lá para cá, novas ferramentas foram implantadas, a dinâmica das reuniões foi fortemente alterada, o tempo e os custo reduzidos drasticamente.

A rotina e o ritual da formulação de estratégias e planos atual quase nada tem da prática de gestão implementada há mais de três anos; no entanto, é a mesma prática à medida que se mantém voltada para o cidadão, de forma eficiente, participativa, proativa etc.

A continuidade pressupõe um caminhar transformador, não a preservação da mesmice. Esse *caminhar transformador* torna o sistema de gestão inovador e dá à organização capacidade de aprendizagem.

4.4.2 Fatores de análise dos resultados

Três fatores devem ser considerados na avaliação dos resultados: a relevância, o desempenho e a tendência.

Relevância — Um resultado é relevante quando decorre do sistema de gestão da organização que o produziu.

Um excelente resultado para o qual não se pode evidenciar um conjunto de práticas de gestão que lhe dão garantia não pode ser considerado relevante, por melhor que seja.

Os resultados no contexto da avaliação da gestão são considerados para fins de qualificação do sistema de gestão e para evidenciar o seu vigor na produção de resultados. Práticas de gestão inadequadas, obsoletas e reativas não produzem resultados relevantes.

Desempenho — Desempenho diz respeito a resultado comparado com resultados semelhantes, produzidos por outras organizações, públicas ou privadas.

Basta responder a pergunta: quem no mundo tem resultados semelhantes que permitam comparação adequada com os resultados da organização em avaliação?

O bom desempenho estará evidenciado quando o resultado da organização for igual, ou melhor, do que o melhor resultado encontrado.

Nas primeiras avaliações é válido fazer comparações com resultados de outras organizações de um mesmo Estado ou do Brasil. No entanto, a classe mundial não acontece em termos de desempenho mediante comparações "domésticas", mas universais.

Tendência — A tendência é o sinal que uma série de resultados dá para a organização: positiva, quando evidencia progresso na eliminação de um problema, na aproximação de um futuro desejado ou, simplesmente, na capacidade de produção de um produto ou serviço. Negativa, quando há qualquer tipo de retrocesso ou estagnação dos resultados.

Uma tendência só é possível quando se tem, no mínimo, três ciclos contínuos e ininterruptos de resultados.

4.5 O aprendizado como prática de gestão

O aprendizado é, antes de tudo, uma característica essencial do Modelo de Excelência em Gestão Pública. No desdobramento do Modelo em critérios de avaliação, o aprendizado foi traduzido em requisito transversal a todos os critérios de práticas. Controlar, no sentido de corrigir erros, e melhorar, no sentido de refinar e inovar são componentes essenciais para fazer de cada órgão ou entidade público uma organização de aprendizagem.

Ao avaliar as suas práticas de gestão de forma sistêmica, ou seja, identificando quanto uma cadeia de práticas é capaz de produzir e de sustentar resultados cada vez melhores para a organização, a organização desenvolve a capacidade de aprender.

É preciso destacar a importância da continuidade da prática de controle e melhoria:

- um ciclo apenas de controle e melhoria permite:
  - pouca análise;
  - alguma ação de melhoria;
  - praticamente nenhum aprendizado.

- dois ciclos permitem:
  - alguma análise mais profunda;
  - diversas ações de melhoria;
  - algum aprendizado.

- três ciclos ou mais permitem:
  - uma análise adequada;
  - ações adequadas de melhoria;
  - o aprendizado que pode fazer a diferença entre a mediocridade e a excelência.

A cada ciclo a prática de controle e melhoria se torna uma prática de gestão cada vez mais difícil de ser revertida. Até que isso se torne um hábito, a atuação da alta administração é um dos pontos mais críticos, pois o sucesso depende fundamentalmente do seu patrocínio nos momentos iniciais.

O quadro a seguir mostra as diversas fases do ciclo de aprendizado organizacional instrumentalizado por meio de dois ciclos PDCA[33], interativos e complementares, que representam o movimento interno das ações de controle e melhoria do sistema de gestão, aplicado prática a prática.

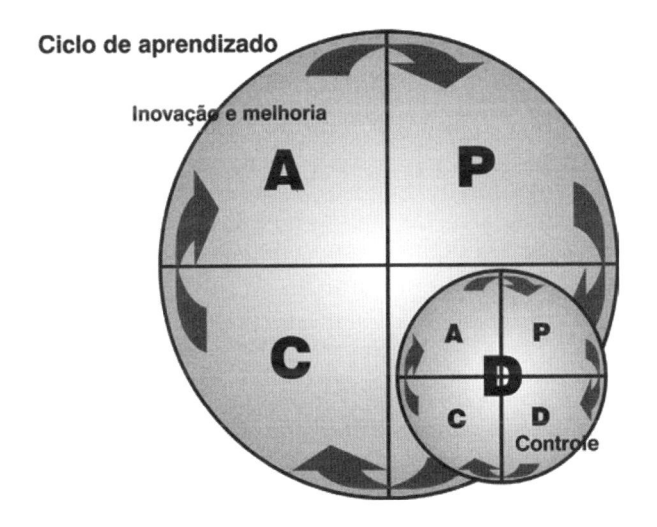

Ciclo de aprendizado

Inovação e melhoria

Controle

O primeiro ciclo – o maior – representa o PDCA que permite conceber e implantar ou refinar uma prática de gestão: é o *ciclo da inovação e melhoria*.

O segundo ciclo – o menor – representa o PDCA que permite verificar, em tempo de execução, o atendimento ou não aos padrões definidos para uma prática de gestão: é o *ciclo de controle*.

Os dois ciclos – controle e inovação e melhoria – juntos, definem um espaço privilegiado de aprendizagem em gestão.

---

[33] PDCA: Plan (planejar), Do (executar), Check (verificar), Action (ação corretiva ou inovadora) sintetizam um ciclo de gestão preconizado por Deming já na década de 50, do século passado.

O ciclo de inovação e melhoria é a prática de gestão cuja finalidade é inovar e melhorar as demais práticas de gestão. Por ser um ciclo, só terá sentido se "girar" continuamente.

- ☐ O primeiro momento – de planejamento – consiste em definir ou melhorar uma prática de gestão.

    O planejamento compreende:
    - a avaliação da prática existente, ou do próprio sistema de gestão em que a ausência de uma prática adequada é percebida;
    - o desenho da nova prática especificando a execução, os padrões dessa execução e o ciclo de controle e melhoria;
    - a definição de como a nova prática será implementada ou melhorada.

    Este primeiro momento ocorre como descrito, em princípio, apenas uma vez: quando da implementação de uma prática de gestão inexistente ou de uso esporádico sem qualquer controle estabelecido.

    Quando este momento é executado ciclicamente, tendo por insumo o resultado da ação de melhoria e inovação, acontecem, apenas, o desenho e a definição da implementação da nova prática ou da prática existente com as melhorias.

- ☐ O segundo momento – de execução – deve ser entendido em suas duas dimensões: a de execução propriamente dita e a dimensão de controle dessa prática.

    A primeira dimensão – execução – compreende:
    - a educação das pessoas envolvidas na execução da nova prática;
    - a execução da prática.

    Há uma segunda dimensão desse momento, que na figura anterior está representada pelo ciclo menor. Essa é a dimensão do controle. Este ciclo que "gira" a cada execução tem a finalidade de verificar o quanto a prática implementada está respondendo aos padrões de execução estabelecidos.

    A segunda dimensão – controle – compreende:
    - o momento de planejamento operacional para operação da prática;

- o momento de execução da prática (a mesma da dimensão anterior);
- o momento de verificação, mediante monitoramento da prática em tempo de execução;
- o momento da ação corretiva, caso o momento anterior aponte algum desvio em relação aos padrões estabelecidos. Essa ação corretiva poderá determinar mudanças na própria prática, assim como determinar novo esforço de capacitação, alterando ou não o próprio programa de capacitação.

Os resultados do monitoramento da prática no ciclo de controle, o retorno dado por usuários de processos que utilizam essa prática, o surgimento de novas tecnologias de gestão e o desafio permanente e provocativo da melhoria contínua determinam a passagem do momento de execução para o terceiro momento do ciclo de inovação e melhoria.

Verificar e corrigir dão ao sistema de gestão capacidade de garantir o nível de qualidade estabelecido para suas práticas de gestão.

- O terceiro momento – verificação – consiste na análise dos resultados do monitoramento, oriundos do ciclo de controle, das condições tecnológicas, da execução da prática de gestão e de referenciais comparativos.

Nesse aspecto, o ciclo de melhoria e inovação atua proativamente como um sensor que rastreia o sistema de gestão e os ambientes interno e externo da organização.

- O quarto momento – ação de melhoria ou inovação – consiste em definir o tipo de ação a ser implementada para melhorar ou inovar a prática de gestão. A ação definida neste momento pode determinar alterações na prática de gestão, alterando para melhor os padrões até então estabelecidos ou determinar a substituição de uma prática por outra. Em qualquer dos casos é da essência da ação de melhoria e da inovação que se chega à alteração, para melhor, dos padrões anteriores da prática.

Melhorar e inovar dão ao sistema de gestão capacidade de elevar continuamente a sua qualidade e o desempenho da organização.

O ciclo de melhoria e inovação está baseado no entendimento de que apenas a solução de problemas, a redução de desperdício ou a eliminação de defeitos não conduzem ao alto-desempenho institucional. É preciso ir além dos problemas e procurar novas oportunidades para a organização.

A melhoria é um processo contínuo e inesgotável e um estímulo à participação, à criatividade e ao estabelecimento permanente de novos desafios.

O aprendizado é um produto natural do exercício contínuo do controle e da melhoria.

À medida que esses ciclos são realizados continuamente, a organização se torna naturalmente uma organização que aprende, que é capaz de gerar um capital de conhecimento, que pode ser considerado particular, porque trabalha sobre si mesma e ao mesmo tempo universal, visto que está atenta à evolução que acontece ao seu redor.

5. Avaliação: o risco da aplicação equivocada
5.1 Gestão organizacional não é gestão de processo

Embora a maioria dos especialistas em gestão que utilizam o sistema de avaliação inspirado no Modelo de Excelência em Gestão – pública ou privada – insista em utilizar os critérios, sem retoques, tanto em organizações inteiras como em unidades dessas organizações, a experiência e a reflexão evidenciam o equívoco dessa aplicação generalizada.

O cerne do equívoco está na extensão[34] do sistema de gestão preconizado pelo modelo de excelência e o campo organizacional estabelecido para sua aplicação, muitas vezes de menor extensão do que aquela exigida pelos requisitos dos critérios.

O Modelo de Excelência em Gestão Pública e, por conseqüência, os critérios de avaliação dele desdobrados, definem um sistema de gestão pleno, ou seja, que executa uma atividade singular completa – planejamento, organização, direção, coordenação e controle.

---

[34] O termo "extensão" foi tomado em seu sentido lógico/filosófico que significa o número de elementos que o conceito contém.

Uma das possíveis causas desse equívoco pode estar na largueza com que o conceito de processo é tomado. Na generalização perigosa, tanto para mais como para menos, de que todo conjunto de operações que transforma uma coisa em outra é um processo, incorre-se facilmente no erro de aceitar que processos de uma certa complexidade comportam de forma completa um sistema de gestão.

É preciso compreender que o fato de uma organização (que necessariamente compreende um sistema completo de gestão) poder ser analisada como um grande processo não é argumento suficiente para afirmar que os grandes processos possam sempre ser analisados como organizações.

Uma organização é um grande processo. Um grande processo pode não ser uma organização Esse limite, nem sempre fácil de ser estabelecido, a partir do qual o processo deixa de conter um sistema completo de gestão e a crença na *generosidade aplicativa* dos critérios de avaliação têm levado a atitudes equivocadas:

- **o rebaixamento** da exigência de alguns requisitos, para adequá-los ao baixo nível do processo em análise;
- **a exaltação** de algumas práticas de gestão para torná-las compatíveis com a exigência dos requisitos de avaliação.

Normalmente, a distorção é resultado dessas duas atitudes tomadas juntas em todos os requisitos nos quais a gestão do processo não comporta o sistema de gestão plenamente. Trabalha-se, então, com "referenciais de não-excelência" sobre uma "não-realidade gerencial".

É Inegável que há uma compreensão sobre os limites de aplicação dos critérios de avaliação. As Instruções para candidatura ao Prêmio Nacional da Gestão Pública, a cada ano ratificam um dos requisitos de acesso que considera inelegível ao Prêmio a candidata que não é passível de ser avaliada em todos os critérios. Mesmo assim, a generosidade referida anteriormente tem levado os critérios de avaliação a aplicações inadequadas.

Uma atenta reflexão permite identificar alguns parâmetros que seguramente podem auxiliar, não determinar, a tarefa de identificação do campo organizacional com sistema de gestão plena[35] e, portanto, adequado à aplicação dos critérios de avaliação.

Há funções e, em decorrência, práticas de gestão com requisitos nos critérios de avaliação que determinadas unidades não têm densidade suficiente para executá-las.

O que tem sido feito até agora é empobrecer os requisitos e supervalorizar as funções organizacionais que uma unidade organizacional normalmente não tem. O resultado é duplamente negativo, a unidade organizacional aprende a se ver de forma errada, ao presumir que é o que na verdade não é e nem será e, por fim, acaba desestimulada ao querer atingir patamares mais elevados que não lhe cabe como unidade de uma organização que é.

Em princípio[36], departamentos, coordenações-gerais, coordenações, divisões e setores não têm alta-administração, não formulam estratégias e raramente definem programas. Predominantemente, demandam e utilizam recursos, apoio, informação e conhecimento, não ultrapassam o nível operacional.

Em conseqüência, está havendo uma generalização de exceções, além daquelas previstas nos instrumentos de avaliação.

- É correto, por exemplo, considerar não pertinente a prática da gestão de "arrecadação de taxas", quando está sendo avaliado um órgão ou entidade que não arrecada taxas pelos serviços que presta.
- É incorreto, no entanto, considerar não pertinente a gestão de suprimentos porque a unidade que está sendo avaliada não compra, não licita nem contrata.

Tão incorreto quanto considerar este item não pertinente é reduzir a gestão de suprimentos a um simples controle de estoque e a contatos com fornecedores por ser a unidade em avaliação o campo de atuação de um ou outro fornecedor de serviço.

---

[35] Entenda-se por "gestão plena" aqueles sistemas de gestão passíveis de avaliação em todos os critérios preconizados pelo GESPÚBLICA.

[36] Há casos especiais, como, por exemplo, o Departamento de Polícia Federal, de tamanho e complexidade tais que comportam integralmente um sistema de gestão.

Quando uma unidade organizacional deseja melhorar sua gestão, o mais adequado é tratá-la no nível de um macroprocesso e analisar suas práticas de gestão tendo por guia um instrumento próprio[37].

Esse instrumento não deve ter qualquer relação em termos de pontuação com os instrumentos utilizados para avaliar sistemas de gestão plena. Não se trata de limitar esses casos ao uso dos instrumentos de quinhentos e duzentos e cinqüenta pontos do sistema pleno de gestão, mas de criar outra forma de avaliar.

5.2 Avaliação de unidade organizacional: requisitos necessários

Avaliar a gestão de unidades organizacionais requer, portanto, redução de requisitos, compatibilidade desses requisitos com a extensão do sistema de gestão objeto da avaliação.

Isso não invalida, no entanto, a exigibilidade em relação aos princípios e às características contemporâneas do Modelo de Excelência em Gestão Pública, quando aplicáveis à unidade organizacional avaliada.

Por não ser uma avaliação de sistema de gestão pleno, os requisitos apresentados a seguir, embora estejam organizados pelos mesmos elementos do Modelo, de forma alguma o representam.

Um instrumento para avaliação de unidades organizacionais deveria ser estruturado em Critérios e requisitos. Seus fatores de análise poderiam ser:
- para práticas de gestão: adequabilidade e continuidade;
  proatividade e disseminação (quando ocorrem qualificam uma prática de gestão; quando ausentes, no entanto, não a desqualificam);
- para resultados: relevância e tendência
  (referenciais comparativos quando ocorrem qualificam o resultado; no entanto, quando ausentes, não o desqualificam).

---

[37] Não se está fazendo referência aos instrumentos simplificados de 500 e 250 pontos, pois ambos exigem sistema de gestão plena.

Critério 1: Liderança

Os requisitos tratam da atuação do chefe, enquanto líder da equipe.

- Como decide.
- Como compartilha na sua unidade os valores, a missão e a visão de futuro da organização (salvo raras exceções, é inútil definir tais componentes de natureza estratégica para unidades gerenciais e operacionais).
- Como avalia o desempenho da unidade.
- Como corrige e melhora as práticas de liderança.

Critério 2: Planejamento

Os requisitos tratam do que a unidade realiza. Não há formulação estratégica, apenas planejamento normativo desdobrado das estratégias e planos do órgão ou entidade.

- Como os planos da organização que a unidade executa são gerenciados?
- Como os planos da organização são desdobrados, quando apenas parte desses planos é realizada na unidade em avaliação?
- Como eventuais ações e projetos são definidos pela unidade?
- Como as demandas dos usuários são mantidas e/ou incorporadas no processo de planejamento?
- Como a unidade define seu sistema de medição de desempenho?[38]
- Como a unidade corrige e melhora suas práticas de planejamento?

Critério 3: Usuários

Restringe-se à gestão do atendimento dos usuários diretos da unidade.

- Como a unidade divulga seus serviços e seus padrões de atendimento?
- Como a unidade avalia a satisfação desses usuários?
- Como a unidade gerencia sugestões e reclamações?
- Como a unidade utiliza tais conhecimentos para melhorar o seu desempenho?
- Como a unidade corrige e melhora suas práticas de gestão relativas ao atendimento?

---

[38] Por ser unidade de uma organização maior pode ocorrer que essa organização já tenha seu próprio sistema de medição de desempenho. Neste caso, caberá a unidade apenas desdobrá-lo no nível de detalhe que atenda suas necessidades de monitoramento e avaliação.

Critério 4: Informação

Os requisitos recaem sobre a gestão operacional e, no máximo, gerencial da informação. No nível de gestão de unidades, não há benefício que compense o esforço para a implementação da gestão do conhecimento. Esse item só merece avaliação como prática de gestão corporativa ou de uma grande unidade descentralizada.

- Como a unidade gerencia as suas informações?
- Como a unidade identifica e utiliza referenciais comparativos externos?[39]
- Como a unidade corrige e melhora suas práticas de gestão da informação?

Critério 5: Pessoas

Os requisitos referem-se à maneira de a unidade preparar e estimular os servidores para a consecução dos objetivos e da visão de futuro da organização; ao desdobramento do plano de desenvolvimento dos servidores da organização e à criação e manutenção de ambiente que conduza à excelência no desempenho, à plena participação e ao crescimento individual e institucional.

- Como as tarefas são distribuídas?
- Como as pessoas são reconhecidas pelo trabalho que executam?
- Como a unidade cuida do desenvolvimento da equipe?
- Como a unidade gerencia o ambiente de trabalho?
- Como a unidade corrige e melhora suas práticas de gestão relativas aos seus servidores?

Critério 6: Processos

Os requisitos dizem respeito à gestão dos processos da unidade. A classificação em projetos finalísticos e de apoio não faz sentido: se a unidade responde por um processo finalístico da organização, os processos de apoio mais importantes para essa unidade seguramente estarão fora; se a unidade é de apoio, seus processos, embora sejam considerados por ela como finalísticos, dependerão de outros processos de apoio que estarão necessariamente fora dessa unidade.

- Como os processos são gerenciados?
- Como os processos incorporam as demandas de seus usuários?

---

[39] Tais referenciais comparativos dizem respeito a indicadores obtidos sem muito custo, pois uma unidade não deve responder a requisitos que exigem referenciais internacionais.

- Como a produtividade e a qualidade dos processos são controladas?
- Como a unidade corrige e melhora suas práticas de gestão relativas aos seus processos?

Critério 7: Resultados

Os requisitos evidenciam a evolução dos resultados diretos da unidade.

- Nível de satisfação dos usuários.
- Desempenho e desenvolvimento dos servidores.
- Resultados – produtividade e qualidade – dos processos.

6
A avaliação do sistema de gestão: práticas

"Não haverá transformação efetiva da gestão pública sem uma vigorosa mudança alicerçada na instituição de novas práticas de gestão, que, por sua vez, estabeleçam novos hábitos e, por fim, substituam velhos por novos valores."

"No final desse longo e complexo ciclo estabelecer-se-á a cultura da excelência. Qualquer esforço no sentido de abreviar esse processo descamba fatalmente para o reformismo burocrático – rápido mas inútil – que a administração pública brasileira teima em realizar, desde os anos 30 do século passado. A propósito, essa é a primeira prática que o GESPÚBLICA insiste em extinguir. A extinção é difícil pois é uma prática que o hábito transformou em cultura."

Daniel
Bagé, 15/1/2006

1. Liderança: a força da influência que move e inspira

1.1 Um critério exclusivo para os dirigentes das organizações públicas

Este é o único critério em que as práticas de gestão não dizem respeito a um processo específico, mas à atuação de pessoas nomeadas para exercerem a direção de um órgão ou entidade público, por um período de tempo determinado, não raras vezes abreviado.

Independentemente da qualidade do sistema de gestão da organização e da aptidão em gestão dos dirigentes que integram a alta administração, é preciso entender que o critério Liderança estabelece que as pessoas investidas nos cargos de direção superior de um órgão ou entidade público têm que evidenciar habilidades e atitudes pessoais de líder.

A liderança no sistema de gestão de classe mundial é a fonte de força que coloca a organização em movimento e determina o seu ritmo e direção. Dependendo de quem integra a alta administração, essa força pode determinar um ritmo lento ou acelerado de retrocesso ou de progresso. É um critério, por isso, diferenciado dos demais, cuja avaliação passa essencialmente pela individualidade do ocupante do cargo.

Por tratar de práticas de gestão utilizadas por pessoas durante o tempo em que ocupam cargos na alta administração, esse critério aborda a dimensão mais frágil do sistema de gestão da organização pública.

Fatores importantes contribuem para essa fragilidade:
- O processo de escolha dos dirigentes.
- A alta rotatividade na ocupação desses cargos.

O processo de escolha repousa sobre critérios que não garantem capacidade gerencial, até porque não a consideram. Para ocupar cargos na alta administração é preciso ser da confiança da autoridade que nomeia (essa confiança, às vezes, é conhecida pela alcunha de *cota pessoal*), ou ser indicado pelo partido que governa ou pelos partidos que apóiam o partido que governa. Às vezes, por mais que se tente disfarçar, o que acontece é nepotismo, clientelismo ou a mistura de todas as possibilidades citadas aqui. Nem mesmo as grandes organizações públicas fogem a essa prática. Pelo menos as sociedades de economia mista deveriam ter seus presidentes, (CEO's), nomeados após criterioso processo de seleção, até mesmo mediante contratação de consultoria especializada no assunto.

A alta rotatividade na ocupação desses cargos é outro fator que fragiliza sobremaneira, até porque ameaça qualquer ação de melhoria gerencial por conta da desaceleração que ocorre antes e depois de cada nomeação. Há processos de mudança de dirigentes tão lentos que a interinidade do substituto eventual chega a ser a gestão mais longa num período de governo; não estão consideradas aqui as substituições de dirigentes decorrentes de tempo de duração de mandato, como presidentes da república, de tribunais e casas legislativas, de governadores e de prefeitos, para citar os principais na administração pública.

Quando a alta administração é medíocre ou ruim, a alta rotatividade é uma esperança de dias melhores e o preço da desaceleração não é tão alto.

A fragilidade do sistema será maior quando a organização passar a contar com dirigentes dispostos a elevar a capacidade do sistema de gestão. Nesses casos, o tempo de permanência dessas pessoas nos cargos da alta administração é crítico, pois as boas práticas, ainda em início de implementação, não se sustentarão sem o patrocínio claro dos dirigentes por um período mínimo de tempo, estimado por alguns especialistas em três ou quatro anos.

São incontáveis as experiências ao longo da curta história do GESPÚBLICA de organizações que iniciaram processos vigorosos de mudança, e, com a troca da liderança, perderam as acumulações já conseguidas, as práticas recém-implantadas não se transformaram em hábitos, mas em memórias que para as pessoas significaram fracasso e desmotivação e, para a organização desperdício e retrocesso.

Vencido esse ponto crítico, em que a organização dispõe de hábitos gerenciais calcados em boas práticas, a substituição representa um risco menor de retrocesso.

Por isso, é correto afirmar que o risco de retrocesso com a troca de dirigentes é inversamente proporcional à qualidade do sistema de gestão: quanto maior um menor o outro.

Excelência em Gestão Pública: a trajetória e a estratégia do GESPÚBLICA

Organizações com alto padrão de qualidade em gestão minimizam e até anulam os efeitos perniciosos de dirigentes despreparados, mesmo que eventualmente bem-intencionados. Os hábitos da boa gestão já internalizados acabam por oferecer certa resistência à atuação predatória da liderança que chega. É bom lembrar que nesses casos a alta rotatividade é extremamente benéfica e bem-vinda.

Embora possa haver casos em que dirigentes medíocres se transformaram positivamente em função da influência da boa qualidade do sistema de gestão que encontraram, estes são, para a organização, "escolas" extremamente caras, cujo benefício seguramente não compensa.

Para o setor público, a qualidade da gestão organizacional estará mais garantida quando em algum governo os formuladores das políticas públicas levarem em consideração a gestão e patrocinarem a mudança gerencial que timidamente tem transformado alguns órgãos e entidades.

A cadeia produtiva de serviços públicos, diferentemente da cadeia produtiva do sistema competitivo, tem, além da horizontalidade que determina a ação dos diversos processos necessários à produção de determinado serviço, uma verticalidade hierárquica que comanda por meio de regras e controles os elementos horizontais dessa cadeia. Esta cadeia vertical é, em nível técnico, os órgãos centrais da administração pública dos três poderes; e, em nível político os sucessivos governos nas três esferas.

A vulnerabilidade da gestão das organizações públicas está na ausência dessa prática nos órgãos centrais da administração pública e nos altos escalões dos governos que têm "tocado" a administração pública. Quando um governo efetivamente mudar a gestão nos termos da proposta do GESPÚBLICA, haverá surpreendente melhoria da capacidade de gestão e do desempenho das políticas públicas com impactos positivos na gestão e no desempenho dos órgãos e entidades públicos.

Quanto menos institucionalizada a prática da gestão para resultados, mais ameaçadora é a liderança exercida pela alta administração.

Até lá, fica-se à mercê da sorte nas indicações dos dirigentes das organizações, e da boa vontade dos servidores que não se deixam abater, nem abdicam do seu compromisso. Quanto menos institucionalizada a prática da gestão para resultados, mais ameaçadora é a liderança exercida pela alta administração.

1.2 O sistema de liderança público de classe mundial

O sistema de liderança é, em essência, a avaliação da qualidade do processo decisório da organização a partir da alta administração.

Há nesse critério um distanciamento em relação ao Modelo de Excelência em Gestão Pública, ou, pelo menos, pouco rigor conceitual na sua interpretação e, conseqüentemente, nos requisitos para avaliá-lo à luz do Modelo de referência.

O processo decisório, para ser de excelência, tem que ser participativo e considerar as demanda das partes interessadas. Em relação ao cidadão e à sociedade, o controle social tem que fazer parte desse processo decisório, do planejamento ao controle, onde couber.

Em tese, nenhum gespublicano[40] contesta tal afirmação, mas desconsidera na prática vários aspectos dela. Evidências claras dessa falha estão na capacitação para avaliação, na qual não se fala com propriedade dos mecanismos internos e externos de participação e controle.

Mais evidente fica essa omissão quando se analisam os resultados das auto-avaliações e das avaliações externas.

A participação interna limita-se a práticas incipientes e pouco eficazes como:

- Comunicação das decisões pela intranet.
- Os dirigentes participam do processo decisório e repassam as decisões e demais informações para suas unidades etc.

Tais práticas além de não envolver os servidores dificilmente abrem espaços para que estes se motivem. Em geral, essas práticas determinam completa passividade nos indivíduos destinatários dessas informações.

A participação externa, ou seja, a participação daqueles que deveriam exercer o controle social, é mais grave, visto que as práticas se limitam a pesquisas sobre as quais nem retorno é dado ao cidadão pesquisado.

---

[40] Termo criado pelo autor para identificar todas as organizações e pessoas que integram a Rede Nacional de Gestão Pública e/ou que se posicionam favoravelmente ao sistema de gestão pública, preconizado pelo GESPÚBLICA.

Nos registros das auto-avaliações e das avaliações externas é mínimo, para não dizer nulo, o registro de práticas em que a alta administração interage com fóruns de usuários, conselhos gestores, comitês de usuários etc.

Não havendo mudança de postura, as partes interessadas continuarão cada vez mais desinteressadas e a dimensão política da gestão pública cada vez mais longe do GESPÚBLICA.

1.3 Exercer influência

Liderar no contexto do Modelo de Excelência em Gestão Pública é exercer influência, é dar exemplo, movendo e inspirando as pessoas, pro curando obter delas o máximo de cooperação e o mínimo de oposição.

Para isso, é necessário que a alta administração perceba o valor público da missão da instituição que dirige e faça com que sua equipe entenda da mesma maneira.

Este é papel indelegável e contínuo da alta administração. Sem entender a importância e a *nobreza da causa*[41], estratégias e planos, métodos e técnicas serão tomados por si mesmos, despidos de sentido maior que vá além dos seu próprios limites.

Dois aspectos importantes devem ser considerados quando se trata do exercício do poder de influência pelo líder: o carisma e a decisão.

Exercer influência não pressupõe ter carisma. Peter Drucker, referindo-se a este tema, afirmou: "O carisma, no campo da gestão, pode levar o líder à ruína, pois o torna inflexível, faz com que ele acredite nunca cometer erros e o impede de mudar".

Exercer influência, buscando convencer e envolver as pessoas não pode impactar negativamente a tomada de decisão, pois não pode significar protelar decisões.

A decisão tem um tempo certo: decidir antes é precipitação, decidir depois é perda de controle sobre a situação e significa acomodar-se ao que

---

[41] Expressão utilizada no livro "Visão – como os líderes a desenvolvem, compartilham e mantém" (página 46).

já está feito. A liderança, sob este aspecto, não interfere no processo decisório, muda apenas o estilo do tomador de decisão que, em tempo hábil, ouve, discute, compartilha e decide em tempo oportuno. Tal decisão tem que ser tomada no tempo certo, com o máximo de apoio, mas dificilmente ocorrerá sem oposição, que, em princípio, pode ser mais vigorosa devido ao nível maior de informação que o processo participativo propicia.

1.4 Induzir o controle social

A alta administração excelente atua no sentido de estimular o cidadão a ser mais ativo, a ser "controlador da qualidade" da administração da organização.

Essa atitude da alta administração é evidenciada pelo valor que atribui à qualidade do atendimento aos usuários da organização, traduzida em práticas como constituição de grupos de usuários para participação direta no planejamento e avaliação das atividades da organização ligadas diretamente aos interesses desses mesmos usuários; avaliação periódica da satisfação dos usuários; divulgação de padrões de atendimento; recebimento e tratamento de sugestões e reclamações e capacitação continuada dos servidores em atendimento.

Essa atuação é particularmente importante neste momento em que o cidadão não exerce esse papel de controlador direto das organizações públicas. A maneira como a liderança atua em relação à sociedade propiciará maior ou menor transformação da sociedade até torná-la espontânea no exercício desse controle.

1.5 Infundir a cultura da excelência

Importante papel da alta administração diz respeito à prática de infundir nos servidores – gerentes e gerenciados – a cultura da excelência. Resumidamente, a cultura da excelência diz respeito:

Ponto essencial da cultura da excelência é o compartilhamento de valores.

Compartilhar é diferente de informar, pressupõe ação dos dois lados – do emissor e do receptor – e uma ação não apenas de natureza racional, mas fundamentalmente emocional, cujo primeiro resultado é o convencimento, depois a motivação e, por fim, o comprometimento.

Essa prática torna-se evidente quando faz parte do discurso e da prática dos integrantes da alta administração. Para tanto, a alta administração deve incluir, sempre que oportuno, um ou mais valores da administração pública, da própria organização e da boa gestão pública em suas falas aos servidores, nas reuniões de trabalho em que participa, e no empenho para que tais valores façam parte dos conteúdos programáticos dos eventos de capacitação realizados pela organização.

É preciso "dar aulas" sobre valores da administração pública e da organização, sobre diretrizes governamentais e sobre projetos institucionais. Esse é um papel indelegável da alta administração e uma prática de valorização das pessoas.

Atente para a sua organização ou para a organização que você eventualmente esteja avaliando e procure conhecer em que medida esses valores e diretrizes estão presentes nas falas da alta administração, nas reuniões de trabalho e nos conteúdos de capacitação definidos pela área de gestão de pessoas. Provavelmente você terá uma consistente explicação sobre uma das causas da baixa qualidade da gestão e dos possíveis fracassos dos empreendimentos para melhorá-la.

1.6 Promover o desempenho institucional

É incalculável a força mobilizadora sobre gerentes e gerenciados quando estes testemunham o empenho da alta administração em monitorar a qualquer tempo e avaliar ciclicamente o desempenho global da organização.

Uma vez, em reunião do Conselho do Prêmio Nacional da Gestão Pública – PQGF – com o Presidente da República, aconteceu algo que acrescenta lição importante em relação a este critério e, principalmente, no que diz respeito à demonstração do envolvimento da liderança com o desempenho global da instituição. Este fato aconteceu na mais alta administração do Estado: o Presidente da República e alguns de seus ministros. A seguir, está resumido o momento da reunião em que o fato em destaque começou a acontecer:

a certa altura da reunião...

o Presidente do Conselho do Prêmio falou ao Presidente da República sobre o baixo engajamento das organizações do Executivo Federal ao Programa da Qualidade no Serviço Público[42].

O Presidente da República (com expressão de quem estava disposto a fazer alguma coisa para mudar a situação), perguntou: "O que posso fazer? Um decreto que obrigue a todas as organizações a participarem da avaliação?"

O Presidente do Conselho do PQGF, enfaticamente, disse não (acompanhado pelo sinal de apoio dos demais conselheiros presentes e meu); basta, Senhor Presidente, que uma vez por mês, em reunião com seus ministros, o Senhor passe o dedo em uma lista que o informe sobre a qualidade da gestão de suas organizações, fornecida pelo Programa da Qualidade no Serviço Público. Com este gesto o Senhor terá iniciado uma mudança sem precedentes na gestão pública, completou o Presidente do Conselho do PQGF.

O Presidente da República aceitou a sugestão e determinou que assim fosse feito. Fez referência a essa sua decisão em sua fala por ocasião da cerimônia de entrega do Prêmio na tarde daquele mesmo dia[43].

Terminada a reunião, já sem a presença do Presidente da República e dos conselheiros do Prêmio, ouvi do Ministro responsável pelo Programa a seguinte determinação: "Não faremos lista nenhuma, o Presidente vai esquecer disso rapidamente".

Infelizmente, foi o que aconteceu.

Neste fato há duas lições importantes:

---

[42] Atualmente, Programa Nacional de Gestão Pública e Desburocratização – GESPÚBLICA.

[43] Naquela cerimônia, fez referência à sua decisão e disse que passaria a fazer um "provão" para todas as organizações do Executivo Federal. A imprensa, equivocadamente, divulgou que o Presidente da República iria submeter os servidores a um provão. Tal equívoco exigiu do Programa uma série de explicações para desfazer a informação ameaçadora, que a essa altura já não era mais do Presidente, mas dos dirigentes do Programa.

- a convicção de quem tem experiência em gestão – Presidente do Conselho do PQGF e demais conselheiros[44] – de que um sinal do nº 1 é suficiente para alavancar mudanças.
- a segunda lição acrescenta um *porém*, ao evidenciar que o gesto do nº 1 é suficiente, desde que os demais integrantes da alta administração estejam afinados com ele.

Sem esse "boicote" à decisão presidencial, a trajetória do GESPÚBLICA teria sido outra – de maior sucesso, sem dúvida.

Este fato evidencia o acerto do critério liderança ao considerar integralmente a alta administração, não separando o nº 1, dos demais dirigentes que o assessoram.

2. Estratégias e planos: decisões e ações orientadas por um futuro desejado

2.1 O "espírito da lei"

A atual Constituição do Brasil (1988), chamada por Ulysses Guimarães de "Constituição Cidadã", revela o espírito que guiou os constituintes: o respeito e a promoção da cidadania. Nesse contexto, inclui-se a exigência de "uma nova AP orientada para o cidadão, que produza bons resultados para a coletividade, enfim, que busque o bem-comum" (Batista Júnior, 2004).

Este critério impõe um encadeamento lógico de planejamento público, perfeitamente alinhado com o *espírito da lei* que o define, mas diametralmente oposto à sua prática atual.

O principal requisito deste critério é que a estratégia condicione o plano, o plano os recursos e ambos as ações e os resultados. Este encadeamento só terá significado público se definido a partir das demandas dos cidadãos e da sociedade.

É, portanto, constitucionalmente imprescindível que os resultados intermediários que respondem a metas físicas e financeiras tenham efeito sobre a melhoria da qualidade de vida dos cidadãos brasileiros.

---

[44] Dos cinco integrantes do Conselho do PQGF àquela época, quatro são empresários de sucesso e com larga experiência em sistemas de gestão.

Talvez por falta de estratégia, excesso de planos e resultados obtidos mediante aplicação de elevados recursos financeiros, mas de pouco valor público, estejamos atualmente entre as melhores economias do mundo e as piores sociedades em termos de qualidade de vida.

2.2 A estratégia

O termo "estratégia" assume vários significados no uso comum. As pessoas referem-se a ele para falar do modo de agir escolhido para atingir um objetivo ou para atribuir importância a um determinado objeto, local ou assunto.

Clausewitz disse: "(...) a tática ensina o uso das forças armadas nos embates e a estratégia, o uso dos embates para alcançar o objetivo da guerra" (Clausewitz, 1972).

Em gestão pública estamos chamando o emprego dos recursos, que é de natureza tática, de estratégia e a trajetória para a geração do ganho social não existe, talvez porque esteja distante do campo da gestão.

Há uso exagerado do termo "estratégia" pelos gestores públicos. O exagero vem do desejo incontrolável de parecer importante para ganhar a guerra da promoção pessoal.

Há, no entanto, uma escassez de produção estratégica no setor público, a evidência está nos resultados: ganhamos muitas batalhas mas infelizmente estamos perdendo a guerra. Ainda é grande a distância que nos separa de atingirmos o padrão de sociedade que o cidadão deseja e que cabe ao Estado, direta ou indiretamente, construir.

Enquanto isso, dá-se demasiada importância a planos e projetos que nem táticos são por não serem definidos a partir de uma estratégia.

O forte do setor público, principalmente dos órgãos responsáveis pelas políticas públicas, tem sido fazer discursos que poderiam ser transformados em vigorosas estratégias e executar planos, às centenas, que se fossem definidos a partir de estratégias poucos desses planos teriam existido.

É oportuno citar Mintzberg, que se referindo à estratégia afirmou: "a estratégia é uma dessas palavras que nós definimos de uma forma e freqüentemente a usamos de outra" (Mintzberg, 1994).

Estratégia precisa ser entendida como a concepção do movimento da decisão na direção de um estado futuro desejado, que age como força coordenadora por todo um governo ou organização, dando coerência desde os objetivos até as ações que os transformam em resultados, que necessariamente têm que avançar ou atingir o estado futuro desejado para o qual a estratégia foi concebida.

A estratégia, portanto, expressa a melhor forma de atingir o futuro desejado, devendo estabelecer situacionalmente como empreender o esforço de superação de obstáculos e de construção de viabilidade.

É importante reafirmar o equívoco de submeter unidades de órgãos e entidades à avaliação preconizada pelo GESPÚBLICA; a estas não cabe a formulação estratégica, no máximo, estão envolvidas com a tática de vencer uma batalha, às vezes nem isso.

2.3 A formulação estratégica

A formulação de estratégias não é um processo que pode ser programado. Há uma seqüência de operações que pode produzir planos, conduzindo o planejador a coletar dados, desenhar cenários e definir ações, mas não há uma seqüência para produzir estratégia. A estratégia é um processo essencialmente criativo e, como tal, não acontece com hora marcada, mesmo porque em uma caixa do fluxograma está determinando que naquele momento a estratégia deva ser definida.

A construção da estratégia precisa acontecer além das caixas dos diagramas. "A estratégia é produto de cérebros criativos, capazes de sintetizar uma visão" (Mintzberg, 1994).

O passado recente é fator de aprendizado, no entanto o futuro desejado nao pode ser mera projeção desse passado. O diagnóstico é o espelho retrovisor pelo qual enxergamos o passado e aprendemos com ele; a estratégia, por sua vez, é o farol pelo qual avistamos onde queremos chegar. Trata-se de agir em função de onde se quer chegar, não de onde já passamos.

Nessa concepção, todos os níveis de decisão e de ações são estratégicos, no sentido de estarem orientados pela estratégia. Os planos decorrem da estratégia e deles as ações e os resultados.

Não é correto, nessa concepção, referir-se a um planejamento estratégico do qual decorrem planos gerenciais e operacionais. Da estratégia até a ação, que transforma visão de futuro em realidade e metas em resultados, tudo é parte de uma "trajetória". Tudo tem que estar orientado pela estratégia, sendo, portanto, parte necessária dela. Parafraseando Humberto Eco[45], pode-se dizer que a estratégia é uma obra aberta que se fecha com resultados.

Alguns especialistas do GESPÚBLICA restringem a formulação estratégica à definição da missão, da visão de futuro e dos objetivos estratégicos, quando o *coração* dela é a concepção criativa de como a organização atingirá sua visão e objetivos, apesar de tudo que possa potencialmente ameaçá-la. Para Carlos Matus, a estratégia pode ser representada por uma trajetória que, se bem concebida, torna viável o plano até naquelas operações que, no momento inicial, são totalmente inviáveis.

Porque não pensamos assim, não agimos assim. Fazemos longos e caros exercícios de reflexão estratégica e paramos na confecção de belos e inférteis documentos e quadros pendurados nas paredes.

Um trabalho assim produz papel, remunera consultores, fomenta o turismo de negócios, mas, infelizmente, agrega pouco ou nenhum valor à gestão e ao cidadão, quando não causa desmotivação e descompromisso ao se perceber que nada além de eventos e documentos aconteceram.

Vale reafirmar: é um "equívoco estratégico" reduzir a estratégia à definição da missão, da visão de futuro e outros componentes que variam conforme a metodologia adotada. Essas e outras definições são componentes importantes da formulação estratégica, mas não são a estratégia.

A administração pública, principalmente os gestores e as escolas de governo, vulgarizou a estratégia e a tornou peça burocrática para adornar e emoldurar seus planos.

A estratégia é a concepção singular da melhor trajetória das ações de toda ordem para o cumprimento da missão, com a finalidade de atingir um estado futuro desejado – visão.

---

[45] Citado por Carlos Matus em 1993.

Estratégia

Missão → Ações, projetos, operações... → Visão

Trajetória: melhor seqüência

A formulação da estratégia exige:
- saber de forma profunda sobre a missão, inclusive para ter clareza sobre os seus limites, ou seja, daquilo que a organização não deve fazer;
- ter clareza de que a visão no momento da sua formulação não é e não pode ser viável, por isso necessita de estratégia vigorosa para construí-la no tempo do seu horizonte estratégico.

Sendo assim, a visão de futuro é resultado de um cálculo de viabilidade e não apenas de sonhos e alucinações bonitos, bem-intencionados, mas que estratégia nenhuma seria capaz de dar conta.

Não importa o que se faz primeiro, pode ser a definição da visão, o cálculo de viabilidade, o que conta mesmo é a definição de uma trajetória que garanta o atingimento dessa visão no horizonte de tempo estabelecido.

A estratégia não se reduz a uma trajetória, mas não existe sem ela. A trajetória define o que será feito – ações, operações, planos, projetos etc. e em que seqüência. A seqüência é estabelecida pela definição dos momentos oportunos de cada evento, ou seja, do momento que para uma determinada ação o decisor tem as melhores condições para executá-la.

A estratégia pode valer-se de ações que nada têm a ver com a visão, mas que ajudam a lhe dar viabilidade à medida que tornam o ambiente favorável ao seu atingimento. Essas ações podem ser "criadas" pelo estrategista ou "aproveitadas" por ele.

A formulação estratégica pressupõe administração estratégica, entendida como um sistema de decisão superior, dirigido para a missão da organização, voltado para o atingimento de um estado futuro desejado, sustentado em valores compartilhados e comprometido com resultados esperados pela sociedade.

A definição estratégica é o produto natural desse sistema de decisão superior.

O sistema superior de decisão dos governos e dos órgãos e entidades é conduzido pela alta administração.

Segundo requisitos preconizados pelo GESPÚBLICA, devem caracterizar o sistema superior de decisão a prática sistematizada de formulação estratégica, o monitoramento constante do universo institucional no qual está inserido o órgão ou entidade, dos atores com forte atuação nesse universo (independentemente da motivação a favor ou contra, ou mesmo sem motivação em relação ao órgão ou entidade), do tamanho do universo de usuários atendidos em relação ao tamanho do universo de usuários que deveria ser atendido. Sem acompanhamento desses componentes estratégicos a formulação estratégica quando existe é de baixa qualidade, frágil e sem qualquer valor.

A carência de práticas de gestão nos sistemas superiores de decisão nos governos, órgãos e entidades públicos explica, pelo menos em parte, a falta de percepção estratégica desses sistemas, em que as urgências e os problemas comuns do dia-a-dia, que impedem ou dificultam o funcionamento rotineiro da organização, mas não a transformam, não dão espaço para as importâncias na agenda de trabalho da alta administração.

Não se trata de gestão do tempo da alta administração, mas de gestão de prioridades, baseada em práticas de delegação e de constante avaliação do corpo gerencial em relação à competência para prover os níveis gerenciais de capacidade de decisão.

Um sistema de decisão superior de excelência necessita de níveis gerenciais e operacionais de gestão aptos para a condução da rotina da organização e com comprovada capacidade para solucionar problemas urgentes e importantes que, na maioria das vezes, não têm dimensão estratégica.

O sistema de decisão superior não pode ser superior apenas porque está no topo do sistema de gestão e da estrutura organizacional. A superioridade do sistema de decisão está umbilicalmente ligada à natureza estratégica das decisões produzidas nesse nível.

A administração estratégica representa, em essência, uma espécie de contrato entre a alta administração e as demais unidades, feito com base em políticas, diretrizes e objetivos bem definidos e em efetivo sistema de cobrança que ultrapasse *o limite da responsabilidade pessoal*[46].

O critério "Estratégias e Planos" está focado na estratégia e não o plano, pois o principal fator de sucesso da organização está em sua capacidade de "inventar" estratégias vigorosas para atingir seus interesses de longo prazo.

Os planos e os programas são apenas instrumentos dessas estratégias. As normas e as rotinas, por sua vez, devem garantir a permanência da organização em um determinado patamar de desenvolvimento, nunca impedir ou dificultar que ela mude o necessário para cumprir com sucesso a sua missão e atingir seu estado futuro desejado.

O estado futuro indica o que a organização deseja ser, onde deseja chegar, no cumprimento de sua missão. O estado futuro é o fator de coerência de todo o processo decisório e da ação efetiva no nível operacional, responsável por transformar objetivos em resultados.

A definição estratégica dos órgãos e entidades públicos é função indelegável da alta administração, mas para se tornar legítima precisa ser compartilhada com todos.

Nesse sentido, segundo Mintzberg, "a estratégia assume o conceito de padrão, isto é, de consistência nos procedimentos em todo o tempo" (Mintzberg, 1994).

É importante ressaltar que a estratégia não tem como propósito acertar em relação ao futuro; mas fazer exercícios de possibilidades para preparar a alta administração para a eventualidade da ocorrência de uma dessas possibilidades.

A alternativa à estratégia é o domínio da improvisação permanente, sustentada pela incapacidade de lidar com a incerteza e de decidir tendo o futuro por referência.

---

[46] Expressão utilizada por Carlos Matus.

Por esse motivo, pouco ou nenhum valor tem o planejamento esporádico, equivocadamente chamado de estratégico, feito por muitas organizações públicas mediante contratação de consultorias que elaboram planos constituídos a partir de frases de efeito, que são encadernados e entregues à organização, acompanhados de um relatório de atividades como prova do serviço prestado.

Os planos vão para a prateleira e saem de lá para serem mostrados a visitas ou, como disse um alto dirigente de uma organização, para fazer discursos, pois estão cheios de frases de efeito que impressionam.

Um dos principais objetivos da estratégia é reduzir o grau de incerteza no momento da decisão, e para isso precisa ser um livro aberto, constantemente atualizado para propiciar um cálculo seguro do impacto das decisões, e manter a organização na direção da sua visão de futuro.

2.4 Os planos

Peter Drucker, referindo-se ao planejamento, disse alguma coisa mais ou menos assim: "O planejamento é uma boa intenção que precisa imediatamente se degenerar em trabalho."

Algumas organizações (poucas) têm uma percepção estratégica consistente, mas carecem de trajetórias adequadas (planos); outras, por sua vez, têm planos bem definidos, mas carecem de uma percepção estratégica que balize e dê coerência entre os diversos planos na direção de uma visão de futuro. Outras não têm nem estratégia nem planos.

Os planos são conjuntos de ações, projetos e programas desdobrados da estratégia e, ao mesmo tempo, a própria estratégia à medida que o encadeamento lógico desses planos resulta em uma trajetória que é a expressão da percepção estratégica.

Esse arranjo lógico dos planos em determinados momentos expressa os pontos mais sensíveis da estratégia. Um erro nesse encadeamento pode significar perdas significativas, inclusive perder a guerra, ou seja, não alcançar os resultados efetivos desejados.

A administração pública brasileira carece de capacidade estratégica, em parte porque despreza a efetividade, ou seja, os resultados que realmente fazem a diferença. Há uma preocupação exagerada com metas físicas e financeiras, um foco equivocado na eficácia que não gera resultados efetivos: constroem-se escolas e hospitais, realizam-se cursos e seminários, fazem-se propagandas de intenções e de recursos aplicados, compram-se viaturas para a polícia e aumentam-se os efetivos de policiais nas ruas. Tudo feito de acordo com os planos, tudo gasto conforme a lei. Mas o resultado que faz a diferença não acontece, pois continuamos com ensino de baixa qualidade, com atendimento em saúde precário e insuficiente, e níveis de violência entre os mais altos do mundo etc.

"O plano é uma obra aberta, decorrente do pensar estratégico, que só se fecha com a ação", ação esta que só se completa com o resultado que produz.

3. Cidadãos e sociedade: a razão de ser público

3.1 Excelência na gestão pública: um jogo aberto de dupla entrada

É imprescindível começar os comentários sobre este critério de avaliação fazendo referência ao preceito constitucional que estabelece novo padrão de relacionamento da administração pública com o cidadão.

O êxito desse novo padrão estabelecido pela Emenda Constitucional nº 19, de 14 de junho de 1998, depende, para ser efetivo, da atitude do cidadão em fazer valer seus direitos em relação ao Estado, a começar por exigir do Estado que discipline o preceito constitucional.

Estabelece a Constituição no artigo 37, parágrafo 3º:

A lei disciplinará as formas de participação do usuário na administração pública direta e indireta, regulando especialmente:

I – as reclamações relativas à prestação dos serviços públicos em geral, asseguradas a manutenção de serviços de atendimento ao usuário e a avaliação periódica, externa e interna da qualidade dos serviços;

II – o acesso dos usuários a registros administrativos e a informações sobre atos de governo, observado o disposto no art. 5º, X e XXXIII;

III – a disciplina da representação contra o exercício negligente ou abusivo de cargo, emprego ou função na administração pública.

Em uma mesma semana do ano de 2006, estive na emergência de um hospital e num órgão de atendimento a contribuintes. Tanto na emergência quanto no atendimento ao contribuinte a mesma situação: pessoas despreparadas de um lado do balcão e pessoas aflitas do outro; as despreparadas, arrogantes; as aflitas, submissas; as arrogantes protegidas; as submissas, desamparadas.

Na emergência do hospital, uma placa com os dizeres: "Desacatar funcionário público no exercício de suas funções é crime – Art. 331 do Código Penal" protegia a baixa qualidade do atendimento ao contribuinte, que, ameaçado de não ser atendido e até de ser preso, se submete pacientemente a tudo. Nessas condições, ser atendido e não ser preso é uma conquista, uma sorte, uma dádiva de um santo qualquer.

No posto de atendimento ao contribuinte ouvi o seguinte diálogo:

Atendente: Senhora, o sistema não está disponível, assim que for possível entraremos em contato com a senhora.

A senhora argumentou: Já fiz tudo o que precisava fazer, aqui estão todos os comprovantes à disposição de vocês e não consigo (começa a chorar) autorização para conseguir a cadeira de rodas.

Atendente: Infelizmente não posso fazer nada, o sistema não está disponível.

A senhora interrompeu pedindo para falar com o responsável pelo setor.

A atendente nada respondeu, baixou a cabeça e passou a conferir – cantando – alguns documentos.

A senhora, ainda chorando, falou: Você, por favor, respeite a minha dor e o meu desespero; se não pode resolver o meu problema, pelo menos não deboche de mim.

A atendente saiu não sei para onde, e a senhora continuou sentada, soluçando.

Por que o Estado ainda não aprovou a lei que disciplina o preceito constitucional que dá ao cidadão o direito de representação contra o agente público pelo exercício negligente ou abusivo do seu cargo? Pelo menos reduziria a desigualdade entre as prerrogativas do cidadão que atende e o cidadão que é atendido.

Este critério – Cidadãos e Sociedade – e o preceito constitucional que o ampara, são o ponto de encontro entre as velhas reformas da administração pública e a nova mudança proposta pelo GESPÚBLICA. É a implementação de uma trajetória de mudança que atua dentro e fora do aparelho do Estado, que sugere novos hábitos aos agentes da administração pública e novos hábitos aos cidadãos e à sociedade que demanda e sustenta a administração pública.

Diferentemente do que foi feito até a formulação do GESPÚBLICA e do que ainda está sendo feito, apesar do GESPÚBLICA, novo pacto entre setor público e sociedade deve ser paulatinamente firmado. Sendo assim, o Estado se compromete a produzir serviços de qualidade e a utilizar com eficiência os recursos disponíveis, e a sociedade, por sua vez, passa a exercer controle social, ou seja, a exigir qualidade dos serviços públicos e eficiência dos processos que os produzem.

Nessa nova relação estão claros dois eixos indutores da mudança:

1. o primeiro representa o conjunto de mudanças implementadas na administração pública que determinam ou induzem mudanças no comportamento do cidadão; neste conjunto estão as ações voltadas para uma administração pública transparente, preocupada com a melhoria constante da qualidade dos serviços que presta ao cidadão;
2. o segundo representa a mudança de comportamento do cidadão, determinando, com isso, a melhoria da administração pública; neste eixo está o novo padrão de comportamento do cidadão, mais ativo e controlador da ação do Estado.

O quadro a seguir mostra a influência dual entre a administração pública e seu ambiente.

Mudança das relações entre Administração Pública e cidadão

A administração pública ao mudar induz mudança no ambiente, notadamente no comportamento de seus usuários; estes, por sua vez, ao mudarem sua forma de se relacionar com a administração pública passam a exigir mudanças na forma do setor público atuar.

Para mudar o comportamento do cidadão, tornando-o espontaneamente um "controlador" das ações do Estado, é preciso infundir uma consciência cívica tal que o torne mais ativo e participante. Essa transformação só será possível à medida que as pessoas compreenderem a importância que uma transformação dessa natureza pode ter para a melhoria da qualidade de vida.

Sem esse controle direto do cidadão, provavelmente não será possível melhorar a administração pública, seja na qualidade do uso dos recursos públicos, seja na qualidade dos serviços prestados. Para Anna Maria Campos, "o verdadeiro controle do governo, em qualquer de suas divisões – Executivo, Legislativo e Judiciário – só vai ocorrer efetivamente se as ações do governo forem fiscalizadas pelo cidadão" (Campos, 1990).

Ouvir o cidadão, disponibilizar informações à sociedade e abrir espaço para a participação direta das pessoas no processo decisório são mecanismos que poderão, em longo prazo, fazer surgir uma nova consciência cívica e, conseqüentemente, tornar o controle social uma realidade.

O processo de mudança consiste em transformar essa percepção de dádiva em consciência de direito

Nos primeiros momentos em que ações indutoras do controle social são implementadas pela administração pública, como pesquisas de opinião, gestão participativa etc., é natural que essas ações e mesmo as melhorias na qualidade dos serviços pareçam como dádivas, por isso de pouca força indutora. O processo de mudança consiste em transformar essa percepção de dádiva em consciência de direito.

O controle social representa a essência da mudança do comportamento do cidadão em relação à administração pública. Em grande parte ele determina o bom ou o mau desempenho das organizações públicas.

Uma nova regra do jogo precisa ser criada, uma nova regra de reciprocidade precisa ser estabelecida. Ao governo cabe induzi-la, à sociedade cabe adotá-la para seu próprio benefício.

As circunstâncias do mundo atual, principalmente no que diz respeito à facilidade de acesso à informação e à nova postura dos cidadãos enquanto consumidores, têm sido fortes indutores para uma mudança semelhante em relação aos serviços públicos.

O mecanismo de indução dessa mudança, por abrir canais de comunicação e de ação é, sem dúvida, a transformação da administração pública que em parte acontece por demanda e influência da própria sociedade.

O Critério Cidadãos e Sociedade estabelece novas regras a partir da extinção da instituição atual representada pela regularidade do relacionamento entre um *governo autoritário e cidadãos subservientes*[47].

Segundo Campos, "faltam regras que determinem a melhoria da qualidade das relações entre governo e cidadão, entre burocracia e clientela" (Campos, 1990). Este espaço das relações entre governo e cidadão deve ser o centro prático da ação e da avaliação do impacto do GESPÚBLICA em um órgão ou entidade público.

Do lado da administração pública falta uma nova instituição que rompa com o limite confortável do controle financeiro e contábil, tão de acordo com os valores de honestidade, aparência, integridade e a eles acrescente os valores de participação social, de atendimento às expectativas do cidadão, de cordialidade. Como afirma Anna Maria Campos:

"Os melhores mecanismos de controle burocrático – incluindo sistemas de recompensas e punições; práticas de avaliação do desempenho; estrita definição de autoridade e responsabilidade – estarão sempre limitados aos valores burocráticos tradicionais: eficiência, honestidade, observância das regras. Serão estes mecanismos suficientes para defender os direitos dos abusos de poder? Serão necessariamente eficazes na promoção da justiça social e política? Garantirão que o governo trabalhe para o povo?" (Campos, 1990)

Do lado do cidadão falta, também, uma nova instituição que signifique um padrão de comportamento do cidadão mais ativo, que se movi-

---
[47] Expressão utilizada por Anna Maria Campos ao tratar do tema *Accountability* (Campos, 1990).

menta em prol da defesa de seus direitos. Segundo Hélio Beltrão, a defesa dos direitos o torna cidadão e não o mantém como súdito.

O setor público tem que estar focado no cidadão. Hoje, o principal indicador é extremamente negativo: somos uma forte economia mundial e uma frágil sociedade em termos de qualidade de vida.

A qualidade dos serviços públicos está condicionada à adoção de mecanismos de relacionamento entre sociedade e setor público, que possibilitem um adequado conhecimento sobre os requisitos básicos que a ação pública deve apresentar para atender satisfatoriamente às expectativas daqueles que são por ela impactados.

Excelência dirigida ao cidadão é vital para a implantação de um estilo de gerenciamento efetivo porque concorre para o reconhecimento social em relação à atuação da organização, e, por conseguinte, para a sua legitimidade enquanto responsável pela concepção e/ou execução de políticas públicas.

3.2 Cidadãos sim, clientes não

O termo *cliente* diz respeito à relação comercial entre uma empresa que vende e um consumidor que compra. No setor público não há relação comercial, pois o Estado não vende e o cidadão não compra[48].

Houve, no auge dos programas de qualidade total, a utilização da expressão *cliente interno* para representar as relações internas entre processos-fornecedores e processos-demandantes. No entanto, pouco a pouco tal expressão caiu em desuso: a imagem criada em torno do atendimento ao cliente (interno) era didática para o setor privado, não para o setor público e, mesmo para o setor privado, embora análogas, tais relações têm naturezas diferentes.

Cliente atendido, no setor privado, remunera diretamente a organização, pagando pelo serviço recebido ou pelo produto adquirido; no setor público, o cidadão, demandando ou não o serviço público, remunera o Estado, via imposto, sem qualquer simetria entre a quantidade e a qualidade do serviço recebido e o valor do tributo que recolhe.

---

[48] Exceção às sociedades de economia mista e a algumas empresas públicas.

Cidadão, enquanto indivíduo ou grupo social sujeito ao poder do Estado, quase nada tem a ver com as regras e padrões de satisfação do cliente das organizações privadas:
- todo cidadão é mantenedor do Estado, eventualmente o cliente é acionista da empresa da qual compra um produto ou serviço;
- o setor público não pode dar tratamento diferenciado aos seus cidadãos, a não ser em função de diferenças estabelecidas em lei; o setor privado deve estabelecer tratamento diferenciado para seus melhores clientes para mantê-los nessa condição;
- o cidadão enquanto mantenedor deve exercer controle sobre o gasto público, o que o gestor público faz com o seu dinheiro é parte imprescindível da relação dele com o Estado; o cliente no setor privado limita-se a controlar a qualidade do produto ou serviço que compra, o que a empresa faz com o dinheiro que recebeu dele está fora da relação cliente-fornecedor;
- a responsabilidade social na administração pública é congênita, e se expressa no cumprimento eficiente, eficaz, efetivo e ético das várias missões distribuídas aos órgãos e entidades que compõem o aparelho do Estado; no setor privado, a responsabilidade social é opção estratégica para sobrevivência e expansão do negócio;
- a satisfação ou insatisfação do cidadão, diferentemente da satisfação ou insatisfação do cliente no setor privado, não é resultado apenas da qualidade do serviço prestado;
- as finalidades principais das atividades de caráter privado são o lucro e a sobrevivência em um ambiente de alta competitividade, enquanto os objetivos da atividade pública são imbuídos do ideal democrático de prestar serviços à sociedade, em prol do bem-estar comum;
- a preocupação em satisfazer o cliente no setor privado é baseada no interesse; no setor público só terá algum efeito se alicerçada no dever;
- as políticas voltadas para a qualidade no setor privado referem-se a metas de competitividade no sentido da obtenção, manutenção

e expansão de mercado; no setor público, as metas de atendimento à sociedade com a melhor qualidade possível, ao menor custo.

Não se pode, portanto, reduzir o cidadão a um mero cliente. O cidadão não é cliente quando é fiscalizado, quando paga imposto, enfim, quando o seu relacionamento com o Estado se dá em função de cumprimento de uma determinação legal, imposta pelo Estado, às vezes contrária a sua (do cidadão) vontade.

Se levarmos em consideração a proposta do GESPÚBLICA de controle social onde o cidadão, no dizer de Anna Maria Campos, passa a ser o fiscal das ações do governo, a redução do seu papel ao de um cliente é, evidentemente, equivocada. O cidadão, neste caso, está fiscalizando na condição de co-proprietário e mantenedor da coisa pública e, por isso mesmo, interessado não apenas na qualidade dos serviços, mas na qualidade das decisões e do gasto públicos.

A essência da mudança da administração pública em relação ao cidadão é criar condições favoráveis para que ele se transforme em *controlador social*[49], deixando de ser súdito[50] para ser verdadeiramente cidadão. Esse conceito amplo de controle e de cidadania empobrece se focalizado apenas na perspectiva de cliente.

É na condição de cidadão e não de cliente que as pessoas se relacionam com os órgãos e entidades públicos.

3.3 Práticas de gestão dirigidas ao cidadão

Toda organização pública deve orientar sua gestão para o cidadão, seja como prestadora de serviços, seja como operadora da ação do Estado. Qualquer prática que busque a participação do cidadão na gestão dos serviços públicos é, em princípio, válida.

São práticas de primeira grandeza, em nível das organizações públicas, a participação de grupos e comunidades de usuários no planejamen-

---

[49] Por este motivo, o controle social não está referenciado como característica da gestão pública contemporânea, por ser da essência do princípio da excelência dirigida ao cidadão.

[50] Para Hélio Beltrão, ainda hoje (1979), o cidadão é tratado como súdito (Beltrão, 1984).

to e no controle das atividades que lhes dizem respeito diretamente, não só em relação aos serviços prestados, mas também em relação ao uso dos recursos públicos que o cidadão coloca à disposição do Estado.

São exemplos de práticas de gestão nessa dimensão os conselhos de pais e mestres – quando deliberativos – nas escolas públicas; o planejamento participativo; os fóruns e as representações comunitárias, quando lhes dão voz e voto em processos decisórios sobre assuntos de seus próprios interesses.

Quando se fala em atendimento ao cidadão, pode-se descambar para um conjunto que, sob o argumento da transparência, se tornar excessivamente burocrático e, o que é pior, acaba por esconder práticas que nada têm de qualidade quando avaliadas pelo cidadão que as recebe.

Somente através do atendimento com qualidade a esse cidadão que poderemos contribuir para a satisfação da sociedade.

Há pelo menos duas passagens na Bíblia que reforçam essa percepção de fazer o bem, fazendo o que é certo, em primeiro lugar a quem está mais próximo. A primeira delas, tratando do amor a Deus, faz a seguinte provocação: "... se não amas ao próximo a quem vês, como amarás a Deus a quem não vês?" A segunda passagem está nos dez mandamentos. A Lei divina, após tratar do amor a Deus em seus quatro primeiros mandamentos, passa a tratar do amor ao próximo nos seis seguintes, começando pelo amor ao próximo que se encontra mais perto de nós. Assim, o quinto mandamento diz: "Honra teu pai e tua mãe para que se prolonguem os teus dias na Terra que o Senhor teu Deus te dá." Biblicamente falando, não adianta falar de amor à humanidade, se não o praticamos em nossa própria casa.

Qualidade na organização pública, da mesma forma, deve chegar à sociedade a partir da satisfação dos cidadãos que estão mais próximos dela, à sua porta, no seu balcão, nas suas salas e filas de espera.

Não é suficiente falar em servir à sociedade se a parte dessa sociedade que cabe à organização servir é menosprezada e desrespeitada com mau humor, incompetência, filas e desculpas.

A excelência dirigida ao cidadão pressupõe induzi-lo e os diversos grupos sociais em que se organizam ao exercício permanente do controle social direto, com a finalidade de fazer respeitar seus direitos e preservar o bem comum.

Nesse sentido, a boa gestão pública disponibiliza canais efetivos de participação do cidadão nas decisões públicas, na avaliação dos serviços, inclusive na avaliação da atuação da organização relativamente aos impactos que possa causar à saúde pública, à segurança e ao meio ambiente.

O GESPÚBLICA desenvolveu e disponibilizou aos órgãos e entidades públicos de atendimento direto ao cidadão duas práticas importantes para a melhoria da qualidade dos serviços públicos: a divulgação de cartas de serviço e a avaliação periódica da satisfação dos usuários de serviços públicos.

Tais práticas de gestão são poderosos instrumentos de melhoria da qualidade do serviço prestado diretamente ao cidadão e de indução de melhoria nos processos internos da administração pública a partir da demanda e da participação direta do cidadão.

Conseguir que cada organização pública que se relaciona diretamente com o cidadão estabeleça padrões de atendimento ao público e os divulgue é o desafio dessa prática de gestão preconizada pelo GESPÚBLICA.

Segundo Anna Maria Campos, determinados padrões de controle não são próprios da burocracia. Diz ela:

> "(...) a economia de recursos públicos, a eficiência e a honestidade requerem atenção especial, mas há outros padrões de desempenho que merecem consideração: qualidade dos serviços; maneira como tais serviços são prestados; justiça na distribuição de benefícios, como também na distribuição dos custos econômicos, sociais e políticos dos serviços e bens produzidos; grau de adequação dos resultados dos programas às necessidades das clientelas. Esses padrões da *accountability* governamental não são garantidos pelos controles burocráticos" (Campos, 1990).

A indução do controle social se dá pela informação antecipada sobre a forma de atender e prestar serviço. O cidadão que sabe *a priori* como, onde e em que tempo um determinado serviço é prestado, ao recorrer a ele e perceber qualquer desconformidade, para pior, sente-se naturalmente autorizado a reclamar, a exigir o que lhe foi prometido. Isso é controle social, e à medida que se consolida torna-se um valor do qual o cidadão dificilmente abrirá mão.

A melhoria da qualidade do serviço se dá, já no primeiro momento, ao se definir os padrões a serem divulgados nas cartas de serviço. Muitas organizações públicas não terão *coragem* de dizer à sociedade que seu atendimento exige uma espera de três horas.

Num segundo momento, a melhoria da qualidade do serviço vem por demanda externa, do cidadão, que avaliando, reclamando e sugerindo, acaba por orientar a melhoria do serviço a partir de sua percepção e de suas necessidades.

Além de divulgar cartas de serviço, recomenda o GESPÚBLICA que o órgão ou entidade de atendimento direto ao cidadão pergunte a ele como avalia o serviço público que recebeu ou que tentou receber.

É preciso ouvir os usuários, é necessário perguntar-lhes sistematicamente o que é importante para ele e como está em termos de satisfação em relação aos serviços que recebe. Do contrário, corre-se o risco de melhorar e inovar em serviços que para o usuário não são importantes nem necessários; e o mais grave, às vezes essas melhorias e inovações são implementadas em detrimento de outras realmente necessárias sob o ponto de vista dos destinatários desses serviços.

Há, no entanto, dois aspectos de risco importantes que determinam uma gestão pública pela qualidade de espectro mais amplo no que diz respeito ao foco no cidadão:

- deixar de inovar ou incluir uma melhoria porque naquele momento tal mudança não é percebida pelo usuário. O formulador e o gestor de políticas públicas devem ir além das necessidades e importâncias sinalizadas pela sociedade, pois muitas vezes a condição em que vive o cidadão impede-lhe de "ver" algo mais distante. O gestor público tem a função de perscrutar novas formas de servir e submetê-las à avaliação popular. A melhoria da qualidade do serviço público não deve estar limitada àquilo que o cidadão percebe;

- descontinuar certos serviços ou boas práticas que, em função de ser um bem já adquirido pela população-usuária, não sejam considerados, no momento da pesquisa, como importantes. Por exemplo, em uma escola em que a merenda é servida regularmente e com boa qualidade, mas que enfrenta grave problema de segurança, provavelmente a questão da segurança é considerada mais importante do que a merenda. Isso não quer dizer que a merenda escolar não seja importante, mas que a prioridade, naquele momento, é a questão da segurança.

A avaliação da satisfação do cidadão-usuário dos serviços públicos está sendo posta pelo Programa como mais uma dimensão vital para a gestão pública, mas não suficiente para o alto desempenho das organizações. Outros fatores, não percebidos pelo cidadão, são essenciais para a qualidade da gestão e para o desempenho organizacional.

Ser bem recebido num posto de saúde e ser examinado por um médico simpático, que "passa um remedinho" que tira rapidamente a dor, não são suficientes para atestar que o atendimento foi adequado e o problema resolvido. O paciente pode sair satisfeito em função da qualidade do serviço que ele percebeu. Há, porém, uma outra face da qualidade do serviço – não percebida – que naquele momento apenas os profissionais, no caso, da saúde, podem avaliar. O paciente só irá perceber essa qualidade a médio e longo prazos, ou pela certeza da cura, ou pela permanência da doença (nesse caso, seguramente em estágios mais avançados).

Na escola, ocorre de forma semelhante: receber o livro em tempo, gostar da capa e dos detalhes gráficos; ou, mesmo, receber diariamente uma merenda gostosa são importantes e os alunos e os pais podem avaliar: é a face percebida da qualidade do serviço. No entanto, se o livro é didaticamente bom e a merenda nutritiva são avaliações para serem feitas por quem entende do assunto: o professor e o nutricionista, respectivamente.

A decisão de alterar as características de um serviço ou produto pode ser o resultado da avaliação da qualidade percebida, aquele que o usuário vê e, portanto, tem condições de opinar e/ou da qualidade não percebida, intrínseca, que o técnico no assunto é capaz de avaliar.

Muitas vezes, a qualidade intrínseca pode determinar uma alteração em um serviço, mesmo contra a preferência dos seus usuários. Essas mudanças ocorrem quando garantem um serviço de melhor qualidade, mesmo que essa qualidade não seja percebida imediatamente pelos usuários. Essas mudanças, em geral, promovem a educação do cidadão e elevam a qualidade dos serviços públicos a patamares superiores.

Ainda em relação à avaliação da satisfação do usuário é preciso estar atento ao nível de satisfação apurado. Nem sempre um alto nível de satisfação significa boa qualidade do serviço avaliado. O nível de satisfação está umbilicalmente relacionado ao nível de exigência do usuário.

Uma vez, quando saía para viajar, por volta das cinco horas da manhã, a senhora que trabalha em minha casa pediu-me uma carona, pois precisava ir ao posto médico que ficava no caminho do aeroporto. Quando voltei, perguntei a ela como fora atendida naquele posto, ao que ela respondeu: "Foi ótimo, deu para pegar uma senha às sete horas, às dez fui atendida e consegui marcar a consulta para daqui a dois meses".

Será que um outro usuário, mais exigente, avaliaria esse atendimento da mesma forma? Uma pesquisa de satisfação com pessoas pouco exigentes poderá nos fazer pensar que estamos ótimos, quando, na realidade, estamos mal.

É nesse aspecto que as pesquisas de satisfação podem dar a sua maior contribuição para a melhoria da qualidade do serviço público, à medida que propiciam elevar o patamar de exigência das pessoas.

Há, ainda, uma prática de gestão do atendimento, não concebida pelo GESPÚBLICA, mas adotada e apoiada pelo Programa: as Centrais de Atendimento Integrado. Essas centrais são verdadeiras "lojas de departamentos" de serviços públicos. Oferecem em um mesmo espaço físico o maior número possível de serviços público federais, estaduais e municipais, com padrão elevado de qualidade em todos os serviços prestados nesses espaços.

As organizações públicas, mesmo aquelas que cumprem sua missão institucional interagindo diretamente com o cidadão, seja na condição de executora de uma ação de Estado (fiscalização, arrecadação de impostos, policiamento etc.), têm-se limitado a cumprir regras e normas que definem exigências, prazos, trâmites e controles. Aspectos como cortesia; discernimento para colocar a norma a serviço do usuário; ouvir as pessoas; flexibilizar horários; avaliar níveis de satisfação não fazem parte, ainda, dos parâmetros pelos quais se avalia a qualidade na maioria das nossas organizações.

As "lojas" de atendimento integrado são uma ação vigorosa do Programa, no sentido de agregar esses novos valores ao serviço público brasileiro.

A experiência das mais de cento e cinqüenta unidades de atendimento integrado já implantadas tem demonstrado que está em pleno desenvolvimento uma "tecnologia de prestação de serviço público" que, incrementalmente, está determinando mudanças profundas e positivas no modo de servir ao público.

Atualmente, nas cidades onde operam essas "lojas de serviços públicos", já está sendo necessário responder ao cidadão por que em uma unidade de atendimento integrado ele é atendido e tem seu problema resolvido em quinze minutos e, no órgão prestador desse mesmo serviço, ele é atendido em quinze dias e ainda precisa de um despachante.

Essa organização ao deparar-se com tal questionamento, ou retira o seu serviço da "loja" ou importa da "loja" a melhoria implementada em seu próprio serviço. Para a administração comprometida com o *servir ao público*, a segunda alternativa é a única viável.

Na maioria dos casos, isso acontece porque há um valor arraigado de serviço à burocracia e não ao cidadão. É mais importante seguir cegamente a rotina e os trâmites estabelecidos do que atender de forma satisfatória a demanda de um usuário.

Esse valor burocrático tem força suficiente para tirar o foco dos resultados e colocá-lo apenas nos processos. Três características importantes decorrentes desse valor excessivamente burocrático:

Treinamento desfocado do principal: instrui-se muito bem como preencher formulários, mas não se explica a finalidade dele, muito menos do serviço e de sua importância para as pessoas que o demandam. É apenas um treinamento, quase um processo de formação de "idiota especializado", distante do ideal de capacitar as pessoas para discernir entre o que deve e o que não deve ser feito, levando em consideração as características do usuário que está sendo atendido.

O custo do serviço à burocracia: No serviço dedicado à burocracia é comum essa prática: registra-se tudo o que acontece, para no final tentar provar que o que não aconteceu não é culpa de ninguém, a não ser do usuário; em outras palavras, todos fizeram o que deveria ser feito, apesar de não terem chegado a lugar algum.

O resultado: todos os servidores ficam contentes e satisfeitos porque fizeram a sua parte, cumpriram a rotina de acordo com o treinamento que receberam e não serão "trucidados" pelo chefe, mas o cidadão que precisou do serviço não estará dizendo o mesmo.

O princípio da gestão centrada no cidadão impõe aos governos de uma forma geral e às organizações públicas de uma forma específica e particular a quebra do paradigma burocrático que impede a avaliação do desempenho por referenciais que não sejam aqueles ligados aos processos internos, principalmente aqueles relativos à legalidade da ação administrativa. Não se trata de descumprir a lei, mas de fazê-la produzir os efeitos que seguramente estavam no espírito dos legisladores. Esses efeitos seguramente estão fora das organizações públicas, são os resultados que atendem ou não às expectativas da sociedade e dos cidadãos.

Vamos inverter o final da história anterior, partindo do princípio de que as equipes daqueles "protocolos" tivessem sido preparadas para atender com qualidade ao cidadão-usuário de seus serviços: vinte dias antes da data estimada para a conclusão do serviço, apenas uma das funcionárias do protocolo de saída ligaria para mim, dando a informação sobre a conclusão da análise do meu pedido. Eu, como usuário do serviço, ficaria satisfeito e até surpreso pela prestabilidade com que fora atendido. A equipe de servidores teria evitado três ligações, carimbos e assinatura e todos, agentes públicos e cidadão-usuário, teriam ficado satisfeitos.

O serviço à burocracia, voltado para dentro, gera um efeito perverso, pois coloca o servidor público e a sua organização como centro da atenção e do atendimento, suas regras, seus controles, seus prazos e a vontade de seus agentes prevalecem sobre a necessidade e a expectativa do cidadão.

A evidência mais forte dessa realidade é que os sistemas de controle da administração pública brasileira se restringem aos aspectos legais. A regularidade da gestão pública é dada a quem procede de acordo com o que está escrito na lei, relativamente ao uso do recurso público. A esses sistemas de controle não interessa, por exemplo, se uma compra, legalmente realizada, atendeu efetivamente às expectativas dos cidadãos atingidos pela ação da organização. A gestão é considerada regular, mesmo que dez mil metros de canos fiquem empilhados atrás de uma prefeitura, ligando nada a coisa nenhuma.

Quando um candidato a um cargo majoritário diz aos eleitores que teve suas contas aprovadas, está simplesmente afirmando que tem um atestado de que cumpriu de forma aceitável todos os requisitos legais exigidos para gastar recursos públicos dos quais ele foi gestor.

Uma gestão pública centrada no cidadão não pode prescindir da legalidade e da honestidade no uso dos recursos públicos, mas tem de ir além: o gestor público precisa ouvir os cidadãos com os quais sua organização se relaciona, identificar e compreender as suas expectativas, planejar suas atividades levando em consideração e priorizando o atendimento a essas expectativas, trabalhar insistentemente para transformar essas expectativas em realidade e monitorar continuamente o nível de satisfação desses cidadãos com a atuação da organização.

Satisfazer o cidadão pressupõe tudo isso, além de estimular, no cidadão, o hábito de manifestar suas necessidades e de controlar os resultados produzidos pelas organizações públicas. Somente dessa maneira a organização pública atenderá aos interesses dos cidadãos e será socialmente responsável.

O GESPÚBLICA foi concebido a partir do desafio de envolver o cidadão de forma ativa em sua relação com as organizações públicas. As práticas de gestão do atendimento propostas pelo Programa devem ser complementares à participação direta dos cidadãos, do contrário, apenas por pura coincidência, essas práticas estarão verdadeiramente alinhadas com os princípios da excelência em gestão pública.

É muito comum acontecer algo parecido com o relato de dois casos hipotéticos, descritos a seguir.

Um órgão público precisa devolver mensalmente uma quantia em dinheiro a um grande número de pessoas espalhadas por todo o país. Até então, independentemente do domicílio dessas pessoas, em cada cidade alguns pontos de devolução estavam definidos.

Com a intenção de facilitar a vida dessas pessoas, o órgão determinou que um grupo de servidores fizesse uma proposta para facilitar, aproximando esses pontos de devolução da residência desses cidadãos, encurtando distância e, com isso, reduzindo tempo e, em alguns casos, despesas com deslocamentos.

Partindo do princípio de que quanto mais perto da residência de cada um melhor e de que essa medida agradaria a todos, sem qualquer consulta aos cidadãos interessados, colocaram em prática as suas idéias e as comunicaram às pessoas que recebem mensalmente tais devoluções.

A proposta, simples, descentralizou o atendimento, evitando que as pessoas necessitassem sair de seus bairros.

Implantada a mudança, como os moradores das cidades grandes e pequenas não se manifestaram, presumiu o grupo de servidores que as pessoas gostaram dela. No entanto, as pessoas que moram em cidades médias fizeram um abaixo-assinado nacional em protesto pela mudança implantada, utilizando o seguinte argumento:

> Ir receber esse dinheiro uma vez por mês é uma das poucas coisas que fazemos. Além de ser essa uma atividade que nos permite sair de casa com um propósito definido, vestir uma roupinha melhor, tomar um ou dois ônibus, encontrar os amigos e conversar com eles na fila.
>
> O valor da devolução que recebemos é baixo e aquém do que temos direito pelo que já fizemos e agora querem nos tirar o prazer mensal de encontrar com nossos amigos.

É preciso entender que para ser excelente em gestão do atendimento não basta implantar práticas que pareçam boas aos olhos dos dirigentes e dos demais servidores de uma organização. Essas mudanças precisam ser submetidas à aprovação dos cidadãos diretamente atingidos por elas e enquadrarem-se na escala de prioridades por eles estabelecidas.

Um segundo caso hipotético dá conta de um órgão público encarregado de prestar, mediante pagamento de taxa, um determinado serviço, que resolveu divulgar seus padrões de qualidade de atendimento aos seus usuários.

Identificados os serviços, seus padrões de atendimento e os segmentos de usuários atingidos em cada serviço, foram definidas as estratégias de divulgação dos mesmos, com a finalidade de facilitar o acesso das pessoas a esses serviços e de "autorizá-las a reclamar", quando tais padrões não fossem cumpridos pelo órgão.

Um serviço, no entanto, foi excluído da divulgação: o serviço chamado "entrega social". Esse serviço é igual aos demais, só que a taxa é extremamente baixa, apenas simbólica, e se destina àquelas pessoas que, de outra forma, estariam alijadas de usufruírem desse importante serviço ao cidadão.

O motivo desse serviço ter sido excluído foi o prazo para a sua execução. A "entrega social" por ser feita a uma taxa simbólica, ou seja, um serviço considerado gratuito, tem seu tempo de execução muito longo. Para se ter uma idéia, o mesmo serviço pago pela taxa normal é realizado em vinte e quatro horas, e pela taxa simbólica é realizado em uma semana.

Houve recusa dos dirigentes da organização na divulgação dos padrões para o atendimento na modalidade "entrega social".

A não divulgação do padrão de atendimento a pessoas de baixa renda não foi feita porque o órgão não quer tornar pública a sua discriminação. Essa discriminação acentua-se pelo fato de esse segmento de usuário não saber nem mesmo os padrões pelos quais ele será atendido.

O envolvimento do cidadão e da sociedade como controladores da gestão pública, além de ser da natureza do Estado democrático pleno, visto que pratica uma democracia espontânea e contínua, é o principal fator de sustentação da gestão pela qualidade, pois passa a ser exigido de fora para dentro da organização, independentemente de suas descontinuidades administrativas internas.

A *responsabilidade pública* e a *cidadania* são inerentes às organizações que compõem o aparelho do Estado, pois, por natureza, estão voltadas para a defesa do interesse público, para a realização das aspirações legítimas e lícitas da sociedade.

São próprios da responsabilidade pública o estreito cumprimento da missão institucional e a manutenção do patrimônio público à disposição das organizações.

É, também, da essência dessa responsabilidade pública a forma como a organização se relaciona com o meio ambiente e com a sociedade, no que se refere aos efeitos de sua atuação dentro da comunidade, procurando atender a demandas sociais e ambientais, que não estejam expressamente relacionadas com suas competências legais, mas que, uma vez atendidas, representem um ganho coletivo.

A cidadania estimulada pela organização pública deve caracterizar-se pelo apoio e reconhecimento aos servidores para que exerçam amplamente a sua cidadania, adotando postura de participação ativa nos assuntos da comunidade, inclusive por meio da participação em programas voltados para o desenvolvimento social, a partir da prestação de serviços comunitários.

4. Informação e conhecimento: a inteligência em busca do melhor

4.1 Informação: matéria-prima da decisão

Parte da fraqueza estratégica, da incerteza na tomada de decisões e da maioria das surpresas é conseqüência da baixa qualidade da gestão da informação (Daniel, Cuiabá, 22 de novembro de 2005).

Atualmente, o sucesso das organizações públicas e privadas depende da sua capacidade de identificar e processar as informações relevantes dos ambientes externo e interno, promovendo a organização, a integração e a disponibilização dessas informações aos seus agentes de forma tempestiva e adequada, tornando-as instrumentos do processo de tomada de decisão.

Os levantamentos feitos pelo GESPÚBLICA no período 1998-2004 apontam as práticas de gestão da informação como as mais deficientes em todos os órgãos e entidades públicos que participam do Programa, independentemente de tamanho, natureza jurídica ou setor de atuação.

Este critério, *informação e conhecimento*, precisa ser compreendido no contexto do processo decisório, do qual é insumo imprescindível: a qualidade da decisão depende visceralmente da qualidade intrínseca e extrínseca da informação.

A qualidade intrínseca contém atributos relacionados à forma e ao conteúdo, enquanto a extrínseca contém atributos relacionados ao tempo, à quantidade e à natureza da demanda. O quadro a seguir apresenta os principais fatores determinantes da qualidade da informação.

Qualidade da Informação	Intrínseca	Extrínseca
Propriedade		X
Validade		X
Coerência	X	X
Evidência	X	
Acessibilidade		X

4.2 Propriedade corporativa

Em princípio, a informação produzida ou captada por um órgão ou entidade é de sua propriedade e não do setor ou unidade dessa que a gerou ou captou.

Para verificar na prática essa questão da propriedade, fui a vários setores da organização em que trabalhava e constatei que cinco arquivos continham o meu nome, endereço, identidade, CPF e matrícula. Esses arquivos serviam a "sisteminhas desenvolvidos para o nosso controle, aqui do setor" (expressão utilizada pela maioria dos setores que visitei).

Isso se chama redundância negativa, pois constitui-se fator importante de baixa qualidade do processo decisório. A redundância é tão prejudicial quanto a falta de informação, pois aumenta o grau de incerteza do processo decisório.

A redundância pode fazer o tomador de decisão indicar um morto para fazer um curso, pois a informação sobre o óbito atualizou a base de dados do sistema de pagamento, mas não o arquivo do "sisteminha do setor de treinamento".

É preciso dar tratamento corporativo às informações cuja propriedade é corporativa. O quadro a seguir sugere um caminho para a transformação dos "sisteminhas dos setores" em sistema corporativo (no singular). Em síntese, esse caminho proposto busca a integração dos processos que demandam com os sistemas que processam e fornecem informações. É um caminho de aproximações sucessivas no campo dos sistemas e no campo dos processos até a fusão de ambos em um único sistema.

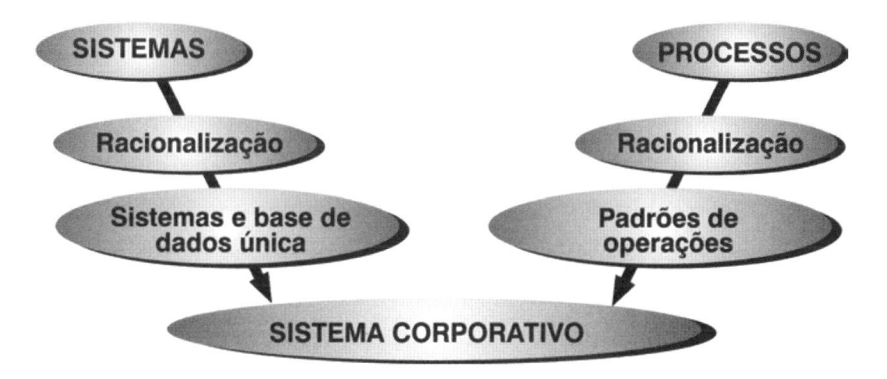

```
SISTEMAS                            PROCESSOS
   ↓                                    ↓
Racionalização                    Racionalização
   ↓                                    ↓
Sistemas e base de                Padrões de
  dados única                      operações
            ↘                    ↙
             SISTEMA CORPORATIVO
```

4.3 A validade: a informação "apodrece"

"Chefe, já perguntei a todos sobre o evento informado neste documento, não houve interesse, posso informar e devolver?" "Sim", disse o chefe, "mas antes tire uma cópia". Assim fizeram os demais chefes dos quinze setores, os chefes das cinco coordenações, os chefes das três coordenações-gerais e o chefe do departamento (para ficar em apenas um departamento). O que se faz com o papel, faz-se com e-mail, documento eletrônico etc.

Não há qualquer filtro, guarda-se tudo e como quase tudo não serve nem servirá para nada, a maioria dos setores tem seu "arquivo morto", um verdadeiro "cemitério de túmulos reais e virtuais", cujos defuntos – as informações mortas – não têm a mínima chance de ressurreição.

Quatro parâmetros orientam a definição da validade da informação e, conseqüentemente, determinam o tempo de sua preservação:
- a permanência do objeto da informação;
- a comprovação legal;
- o teor de conhecimento técnico;
- o significado histórico.

Para uma cultura administrativa extremamente burocratizada, esses fatores são suficientes para justificar o "arquivamento de tudo", até xerox de uma camisa arquivada já encontrei um dia. Falo assim para reforçar minha tese de que sem mudança de cultura não há chance de melhorar quase nada, para não ser radical. Atribui-se a Hélio Beltrão a expressão: "A pessoa que destrói papel tem todo o meu respeito".

4.3.1 A permanência do objeto da informação

Este parâmetro determina que a validade da informação está condicionada à duração do seu objeto, material ou não.

Informação sobre determinado ator no contexto de um cenário perde a validade, por exemplo, em caso de morte desse ator. Informações necessárias à preparação de um evento perdem a validade com a realização ou cancelamento desse evento.

4.3.2 A comprovação legal

Algumas informações independentemente da permanência do seu objeto devem ser mantidas, portanto consideradas válidas por determinação legal.

A documentação relativa ao empregado, por exemplo, deve ser mantida por determinado tempo após a sua demissão, aposentadoria ou morte.

4.3.3 O teor do conhecimento técnico

Informações de conteúdo técnico – teórico ou prático – de interesse da organização devem ser mantidas enquanto oferecerem contribuição efetiva à capacidade gerencial e operacional do órgão ou entidade. Os conhecimentos de natureza conceitual tendem a ter maior validade, enquanto os de natureza instrumental tendem a ter validade menor.

Importante destacar que tais informações quando tratadas corretamente, sem redundâncias, enriquecem a base de conhecimento corporativo das organizações, pois tornam possível a disseminação do conhecimento e a sua manutenção menos dependente dos demais entes proprietários do mesmo.

Perde-se muito quando alguém participa de um curso, por exemplo, e a organização nada lhe pede de retorno a não ser a comprovação de que foi e voltou e um relatório inútil, seja pelo simples fato de que não será utilizado ou por outras razões quaisquer.

A propósito, a maioria dos relatórios de treinamento que tive oportunidade de verificar pergunta coisas do tipo: Gostou? Recomendaria isso a alguém? Vai aplicar o conhecimento no seu trabalho?

Além disso, ficam com o servidor as apostilas, o certificado e, em alguns casos, uns quilos de peso a mais.

4.3.4 O significado histórico

Algumas informações, independentemente dos parâmetros anteriores, têm valor histórico. São informações que têm um segundo objeto – a própria organização – pois têm sua validade justificada por ser um registro importante da vida da organização.

Caso não haja uma função específica para esse fim – memória histórica – é melhor não guardar nada apenas pelo suposto valor histórico. O culto exagerado ao papel e a presunção egoísta da importância transformarão cada setor da organização em *depósito,* cuja história corre o risco de ninguém querer saber.

4.4 A coerência

Fator importante da qualidade da informação é a sua coerência interna – ausência de contradição entre seus elementos; e externa – ausência de contradições dessa informação com as demais informações e dados da realidade que interessam a um determinado processo decisório.

Esse fator determina procedimentos rigorosos de garantia da qualidade dos dados e informações a partir da entrada no sistema de informação. Pressupõe a existência de um sistema corporativo, conforme descrito no item 4.2.

4.5 A evidência

Especificamente neste critério de avaliação e considerando o papel da informação como matéria-prima para a tomada de decisão, a evidência deve ser entendida como o grau de certeza que a informação oferece ao decisor, determinando sua aceitação ou rejeição para compor a base da decisão a ser tomada.

Para explicar melhor o papel desse fator de qualidade da informação, achei oportuno recorrer à descrição do caminho que a inteligência percorre em busca da "verdade", mais adequadamente, da certeza.

Para isso, tomo a liberdade de substituir a inteligência pela figura do decisor e a verdade pela decisão. Dessa forma, é possível descrever o caminho lógico do decisor em busca da decisão.

O caminho apresentado no quadro a seguir não exige que o decisor o percorra integralmente para cada decisão. O motivo é simples: o próprio decisor, ao ser demandado para decidir, pode estar nos estágios intermediários do processo ou mesmo estar suficientemente convencido da decisão a tomar, mesmo correndo o risco de erro. Isso ocorre principalmente quando o tempo de oportunidade da decisão está se esgotando e o risco de não decidir é maior do que o risco de decidir com alto grau de incerteza.

O decisor a caminho da decisão

4.5.1 Ignorância: ausência de conhecimento

Teoricamente possível, este estágio do conhecimento do decisor é, na prática, impossível, se considerarmos o tempo, por menor que seja, que cada decisor tem para tomar sua decisão.

Neste estágio a decisão, como processo lógico, não é possível.

O cálculo do tempo de oportunidade da decisão é importante para evitar a decisão precipitada, alicerçada apenas no bom senso do decisor. O nível de conhecimento do decisor sobre o tema da decisão é diretamente proporcional à capacidade do bom senso, essa lógica natural que todos possuímos, de orientar a decisão com chance de acerto.

4.5.2 Dúvida: o impasse do equilíbrio

O estágio da dúvida caracteriza-se pelo equilíbrio em que as razões para tomar uma ou outra decisão são iguais.

Nesse estágio as vantagens, as desvantagens e os riscos são iguais tanto para negar como para afirmar, para aceitar como para rejeitar ou para decidir por esta ou aquela alternativa.

Nessa situação, as chances de tomar a melhor decisão são iguais às chances de tomar uma decisão equivocada.

4.5.3 Opinião: desequilíbrio positivo

O estágio da opinião é caracterizado pela existência de fortes evidências a favor de uma decisão e em detrimento das demais.

A maioria das decisões, principalmente aquelas de nível estratégico e outras que contêm elemento de futuro incluídos, é tomada neste estágio.

Quanto maior o conhecimento sobre o futuro, dos riscos e oportunidades que ele porta para o tema da decisão, maiores as chances de tomar a melhor decisão.

A previsão do futuro não é possível, mas é possível conhecer e entender os sinais dele no tempo presente. Este conhecimento é imprescindível à tomada de decisão e representa o limite máximo de sua qualidade enquanto conteúdo material.

4.5.4 Certeza: evidência

A certeza é o estágio da evidência plena, que determina a decisão correta.

Este estágio é possível apenas em decisões operacionais e gerenciais cujo efeito é imediato. Não há, nesse tipo de decisão, qualquer componente de futuro que possa representar risco à decisão tomada: as informações sobre o tema existem e são do conhecimento do decisor.

5. Pessoas: cidadãos públicos a serviço da sociedade

5.1 A base constitucional da gestão de pessoas no setor público

Esta parte do Modelo de Excelência em Gestão Pública e o critério de avaliação dela desenvolvido representam, de forma exemplar, a extrema dependência do sistema de gestão de um órgão ou entidade público ao sistema de gestão superior, conduzido pela alta administração dos órgãos centrais de governo.

Há ainda, por parte dos especialistas do GESPÚBLICA, elevada desconsideração do princípio da legalidade evidenciada pelo processo de avaliação da gestão que não aplica à organização requisitos legais impostos à administração pública e, conseqüentemente, a todos os órgãos e entidades que a integram.

Apenas para lembrar: o princípio da legalidade determina o que tem que ser feito muito mais do que o que deve ser feito. Disso se conclui que, para o setor público, o que está na lei relacionado à prática de gestão tem que ser requisito exigido pelo sistema de avaliação, simplesmente por não ser possível, para uma organização pública, ser excelente à revelia da lei.

Objetivamente, a Constituição Federal, no Artigo 39, estabelece dois requisitos a serem cumpridos pela União, pelos Estados, pelo Distrito Federal e pelos municípios.

1. a participação do servidor nos assuntos relativos à gestão de pessoal;

"A União, os Estados, o Distrito Federal e os Municípios instituirão conselho de política de administração e remuneração de pessoal, integrado por servidores designados pelos respectivos Poderes." (Art. 39)

2. a profissionalização como estratégia de valorização do servidor e o concurso como um dos requisitos para promoção;

"A União, os Estados e o Distrito Federal manterão escolas de governo para a formação e o aperfeiçoamento dos servidores públicos, constituindo-se a participação nos cursos um dos requisitos para a promoção na carreira, facultada, para isso, a celebração de convênios ou contratos entre os entes federados." (Art. 39, § 2º)

No quadro a seguir há uma demonstração simulada de algumas situações passíveis de serem encontradas num caso real de avaliação.

Requisito constitucional	Requisito AV.	Prática de organização	Resultado da avaliação		
			Baixa	Média	Alta
Participação do servidor nos assuntos relativos à gestão de pessoal.	5.1-E	O governo atende ao requisito constitucional. A organização tem prática semelhante para sua área de autonomia.			X
		O governo não atende ao requisito constitucional. A organização tem prática semelhante para sua área de autonomia.		X	
		O governo atende ao requisito constitucional. A organização não tem prática semelhante para sua área de autonomia.	X		

Requisito constitucional	Requisito AV.	Prática de organização	Resultado da avaliação		
			Baixa	Média	Alta
Profissionalização como estratégia de valorização do servidor e o concurso como um dos requisitos para promoção.	5.1-B e 5.2	O governo atende ao requisito constitucional. A organização tem prática semelhante para sua área de autonomia.			X
		O governo não atende ao requisito constitucional. A organização tem prática semelhante para sua área de autonomia		X	
		O governo atende ao requisito constitucional. A organização não tem prática semelhante para sua área de autonomia.		X	
		O governo não atende ao requisito constitucional. A organização não tem prática semelhante para sua área de autonomia.	X		

Algumas conclusões, até certo ponto óbvias, se depreendem dos quadros anteriores:

- O órgão ou entidade pertencentes a uma esfera de governo que não atende aos requisitos de uma boa gestão estão, por esse motivo, impedidos de atingir os patamares superiores típicos de uma gestão de classe mundial.

- Os instrumentos para avaliação da gestão pública não interpretam plenamente o Modelo de Excelência em Gestão Pública e seus fundamentos. Há dificuldade de enquadramento dos requisitos constitucionais alinhados com o Modelo nos requisitos dos instrumentos para avaliação.

- Nossos especialistas em GESPÚBLICA ainda consideram pouco ou mesmo desconsideram os requisitos de natureza pública sobre os quais devem ser avaliados os sistemas de gestão dos órgãos e entidades públicos.

- Embora em espaços diferentes – um fora e outro dentro do espaço de autonomia da organização – o impacto na qualidade do sistema de gestão, em termos de grandes faixas (baixa, média e alta), é o mesmo.

5.2 O reconhecimento e a punição: dois lados da mesma moeda

Reconhecimento e punição são partes indispensáveis da valorização das pessoas. Por mais absurdo que possa parecer, tanto um lado como o outro são práticas que valorizam o servidor.

Utilizando a metáfora da moeda podemos representar o metal – o material do qual é feita a moeda – e a valorização propriamente dita; a cara é a punição e a coroa, o reconhecimento.

O metal dessa moeda não é prêmio nem punição, é a valorização do servidor enquanto agente público – gerente ou gerenciado. Os principais elementos da valorização são: a profissionalização e a participação.

- A profissionalização diz respeito à formação e ao aperfeiçoamento contínuos do servidor como profissional do serviço público e especialista em sua área de atuação. Para o servidor, a profissionalização, além de outros valores, agrega-lhe empregabilidade – o máximo de segurança pessoal que o servidor pode ter, à medida que o prepara não só para atuar com qualidade na própria organização, mas para buscar melhores condições de trabalho e de qualidade de vida dentro ou fora da administração pública.

- A participação do servidor na gestão organizacional, principalmente a partir de sua própria área de atuação, cria identidade das pessoas com os desafios organizacionais. Fatores importantes são os ambientes provocativos e inovadores, o envolvimento dos servidores em processos de mudança a partir dos momentos iniciais e a preparação das pessoas para assumirem riscos e desafios, por menores que sejam.

Esses dois fatores, como outros tantos, valorizam o servidor, independentemente de reconhecimento ou punição. É o servidor satisfeito e orgulhoso de sua profissão.

O reconhecimento é o destaque dado num determinado momento ao servidor que atingiu ou superou metas desafiadoras, ou contribuiu para a melhoria do desempenho de sua organização. O reconhecimento pode ser não-material – elogio, certificado, placa etc. – ou material, por meio de gratificação por desempenho, viagem de estudo, curso etc.

A punição é a sanção dada àqueles que, por algum motivo, não cumpriram com retidão suas obrigações profissionais de caráter técnico e/ou ético. Para os servidores fiéis às suas obrigações, a punição é instrumento importante de valorização, pois evita que pelo erro de uns poucos, todos acabem desqualificados.

A Constituição, em seu Artigo 41, estabelece o princípio geral da punição: "São estáveis após três anos de efetivo exercício os servidores nomeados para cargo de provimento efetivo em virtude de concurso público. § 1º – O servidor público estável só perderá o cargo: (...)III – mediante procedimento de avaliação periódica de desempenho, na forma de lei complementar, assegurada ampla defesa".

O argumento da incompetência generalizada do servidor público que tem fundamentado alguns discursos e a redução da questão de pessoal a uma mera questão de custo tem acumulado uma carga negativa que será difícil de ser eliminada quando os gestores perceberem, na prática, que a qualidade desejada e descrita nos planos não chegará ao cidadão senão por meio dos servidores.

Uma tarefa difícil de realizar poderia não estar sendo necessária: desfazer o efeito maléfico das atitudes dos dirigentes públicos em relação aos servidores. Não será preciso apenas apresentar as vantagens da nova gestão pública, será necessária, antes da retórica, uma ação vigorosa para anular as ações vigorosas que têm atestado o contrário.

A valorização dos servidores enquanto prática de gestão tem vida própria, e, em sua essência, prescinde de reconhecimento e de punição. Idealmente se todos fossem cumpridores dos seus deveres e de um mesmo padrão de desempenho não haveria necessidade de qualquer destaque: prêmio ou punição. Seguramente, no entanto, haveria sempre a necessidade de valorizar as pessoas.

O reconhecimento e a premiação são necessários porque os desempenhos, as contribuições e os comportamentos são diferentes. O reconhecimento e a punição os lados visíveis da valorização. A grande parte dos servidores pode nunca ser reconhecida, mas manter-se-á motivada e comprometida à medida que for valorizada e que tiver certeza de que seu destaque positivo será reconhecido e seu destaque negativo será punido. Disse alguém que quem não premia o sucesso e não pune o erro acaba premiando o fracasso.

6. Processos: os centros práticos da ação

6.1 O processo enquanto componente do Modelo

A essência deste critério está apresentada no Capítulo 4 – item 3.3 – *"Gestão baseada em processos e informações"*. Neste capítulo o propósito é desenvolver algumas reflexões sobre os requisitos de excelência exigidos para verificação da aderência do sistema de gestão de um órgão ou entidade ao Modelo de Excelência em Gestão Pública.

À luz do Modelo depreende-se que:

1. toda e qualquer atividade é um processo ou parte dele, assim, liderar, planejar, atender usuários, gerenciar informações, conhecimentos e pessoas são processos ou partes de processos;

2. a gestão baseada em processos é característica fundamental da gestão de excelência, e isso determina que toda organização pública, para cumprir sua missão, precisa operar como uma rede de processos;

3. há apenas dois tipos de processos: finalísticos, que cumprem a missão institucional e administrativos, que gerenciam o cumprimento da missão;

4. os processos finalísticos estão contemplados no Modelo, de forma genérica em "Processos" e de forma específica em "Cidadãos e Sociedade";

5. os processos administrativos destacados pelo Modelo são: Liderança; Estratégias e Planos; e Pessoas; os demais processos administrativos estão contemplados de forma genérica em Processos;

6. todas as atividades de um órgão ou entidade devem ser gerenciadas como se fossem processos ou parte deles. Essa premissa está contida no sexto elemento do Modelo – Processos;

7. o Modelo define sete componentes essenciais – *pétreos* – de um sistema de gestão de excelência; um deles – Processos – diz respeito ao modo genérico de fazer o sistema de gestão operar;

8. o componente *resultados* é, ao mesmo tempo, a medida da capacidade do sistema de gestão e elemento indissociável de qualquer processo: seu produto.

6.2 O Critério Processos: a questão da fidelidade ao Modelo

O *Critério Processos* de acordo com o Instrumento para Avaliação da Gestão Pública – ciclo 2006 – evidencia algumas distorções em relação ao Modelo de Excelência em Gestão Pública, enfraquecendo, assim, a qualidade da avaliação dos sistemas de gestão e, conseqüentemente, a veracidade dos resultados se comparados ao referencial de excelência que é o Modelo e não os critérios de avaliação.

A macroestrutura de um sistema de gestão é integrada por duas categorias de processos: administrativos e finalísticos, que, juntos, produzem resultados.

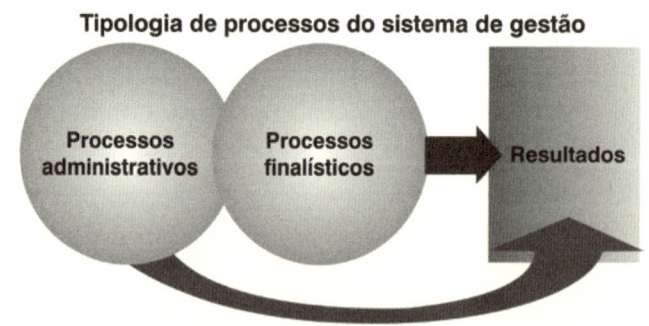

Tipologia de processos do sistema de gestão

A interpretação mais fiel do Modelo aponta para o Critério Processos com apenas dois itens: processos finalísticos e processos administrativos.

Processos de apoio não pertencem à primeira hierarquia do sistema de gestão. Nesse nível, os ditos processos de apoio são apenas atividades integrantes de processos finalísticos ou administrativos.

Considerar as atividades de apoio como processos específicos cria espaços de poder desnecessários e perniciosos, além de estimular demarcações burocráticas desnecessárias e ineficientes sob a ótica dos resultados que realmente interessam, beneficiando apenas os detentores desses espaços de poder.

É comum um processo finalístico ter seu desempenho afetado negativamente por entraves burocráticos criados desnecessariamente por essas áreas de apoio. Há casos, inclusive, em que essas atividades passam a neutralizar decisões da própria área finalística.

A gestão de suprimentos, a gestão orçamentária e financeira, assim como a gestão de incontáveis atividades, devem ser avaliadas pelos requisitos gerais da gestão de processos – finalísticos ou administrativos – conforme o caso.

Assim como se tem feito com as atividades de apoio, destacar atividades como suprimento, orçamento e finanças que o Modelo não destaca é criar "desvios", cujo resultado final é a perda da percepção plena do referencial de excelência que o Modelo estabelece.

Sob a ótica de uma gestão verdadeiramente orientada para resultados e para o cidadão, a gestão orçamentária e financeira é uma atividade do processo administrativo "Estratégias e Planos". Enquanto não for assim, a estratégia e os planos serão mera retórica submetida à gestão orçamentária.

Apoio, suprimento, orçamento e finanças são atividades subsidiárias e, portanto, integrantes de algum processo maior, mais denso. No setor público a elevação dessas atividades a patamares superiores tem sido responsável, em parte, pela equivocada valorização de metas físicas e financeiras, pelo culto aos valores nominais dos investimentos e pela consequente escassez de resultados diretos expressos em ganhos sociais.

Essa configuração do Critério Processos, mais fiel ao Modelo, determina nova configuração do Critério Resultados. Como estão, os atuais instrumentos para avaliação geram avaliações divorciadas dos preceitos conceituais da gestão pública de classe mundial.

6.3 Processos: a avaliação

A gestão de processos compreende a definição, execução, avaliação, análise e melhoria dos processos organizacionais. Para tanto, é preciso ter claro entendimento de alguns aspectos importantes para a gestão dos seus processos.

6.3.1 Macroprocessos e processos

Os macroprocessos ou as grandes funções da organização e os seus desdobramentos em funções ou processos menores devem ser claramente definidos, estruturados e documentados.

A definição desses processos pressupõe o mapeamento ou descrição das várias atividades que os compõem. Esses "mapas", muitas vezes expressos em gráficos, como fluxogramas e diagramas, permitem visualizar de forma objetiva a seqüência de atividades ou operações do processo.

Para uma definição correta dos processos, é necessário identificar os dois requisitos associados ao processo. Tais requisitos dizem respeito:

- às demandas e expectativas dos usuários e das demais partes interessadas, inclusive das parcerias quando for o caso;
- os marcos legais que regem o conjunto de atividades;
- as políticas públicas às quais o processo se relaciona, quando for o caso;
- os conhecimentos e habilidades necessários à boa execução do processo.

No setor público, os processos observam requisitos constitucionais, legais e infralegais que padronizam procedimentos de forma a assegurar o atendimento aos princípios da administração pública da moralidade, impessoalidade, publicidade, legalidade e eficiência. As determinações legais são requisitos gerais dos cidadãos e dão legitimidade à intervenção direta da sociedade sobre a Administração Pública.

6.3.2 O controle

O controle é componente essencial da gestão de processos. Integram o controle, o monitoramento – verificação proativa realizada em tempo de execução – e a avaliação realizada periodicamente, normalmente em ciclos anuais.

Não pode haver gestão proativa sem monitoramento. Uma gestão controlada apenas por *espasmos avaliativos* é genuinamente reativa.

Tanto a monitoração quanto a avaliação dependem fundamentalmente de indicadores e metas. Os indicadores são *ponteiros* estabelecidos a partir de elementos internos do processo que permitem examinar o processo em termos de eficiência, eficácia e efetividade.

As metas são objetivos quantificados que indicam estados futuros do processo num determinado tempo.

A peça menos importante, por sua infertilidade, é o relatório. A qualidade do monitoramento é diretamente proporcional à capacidade de identificação e solução das restrições em tempo de execução. Na avaliação a qualidade está diretamente relacionada à capacidade de medir o desempenho e implementar melhorias e refinamentos no processo. Os registros, em ambos os casos, são subprodutos importantes, mas não essenciais.

O uso sistemático de informações sobre referenciais comparativos é característica importante da excelência em gestão. É hábito imprescindível da gestão de classe mundial a busca e a incorporação das melhores práticas dos setores público e privado com vistas a garantir resultados iguais ou superiores aos melhores resultados internacionais. Além de tudo, é prático "não reinventar a roda", no mínimo economiza tempo e dinheiro.

6.3.3 A desburocratização

Aspecto importante da gestão de processos é a verificação contínua do nível de burocracia embutido nos processos: há um nível desejado que permite a publicidade, a prestação de contas e o controle; há um nível indesejado – chamado por Hélio Beltrão de burocratização – que dificulta, quando não impede tudo isso.

Manter os processos no nível adequado de burocracia não é complicado, mas complexo, pois excede a dimensão técnica – não se trata apenas de simplificar rotinas e procedimentos – atingindo também, e principalmente, a dimensão política – simplificação de normas e regulamentos – isso impacta diretamente na redefinição do poder dos dirigentes.

Para Hélio Beltrão, "desburocratizar implica modificar a própria estrutura do poder e a forma pela qual ele é exercido dentro da administração. Pressupõe, por isso mesmo, a existência de uma vontade política claramente manifestada por quem possa fazê-lo. E há de forçosamente efetivar-se pela via do poder, e não pela via técnica, ..." (Hélio Beltrão, 2002).

A agilização de rotinas e a substituição da ênfase no controle sobre procedimentos pelo controle sobre resultados se traduzem em melhoria dos serviços oferecidos aos cidadãos, na motivação do servidor e na atribuição de maior responsabilidade e autonomia decisória aos gestores cujas equipes se relacionam diretamente com a sociedade.

7
A avaliação do sistema de gestão: resultados

Resultado é o único certificado de qualidade
em gestão realmente válido.
Esforço sem resultado é inútil, a prática equivocada da burocracia pela
burocracia tem mostrado a inutilidade de grande parte dos esforços
empreendidos até agora.

Daniel
Recife, 28/4/2006

Excelência em Gestão Pública: a trajetória e a estratégia do GESPÚBLICA

1. As aparências enganam: alerta

Antes de abordar os aspectos fundamentais do Critério Resultados, considerei importante relatar um fato do qual tomei conhecimento pela televisão.

No dia 4 de dezembro de 2005, um programa de televisão de alcance nacional levou ao ar o tema do planejamento familiar.

A certa altura, foi apresentado o diálogo de uma cidadã com o serviço de teleatendimento do órgão responsável pela política pública de saúde.

A brasileira iniciou a tentativa de contato com o serviço público por volta das onze horas. Quando conseguiu a ligação, tocou uma música, seguiu-se a identificação do serviço e, logo a seguir, foram dadas as orientações, dentre as quais a que solicita que em caso de sugestões ou reclamações seja teclado três. A partir daí o diálogo desenvolveu-se, mais ou menos assim:

– Serviço de atendimento, em que posso ajudá-la?
– Meu nome é tal, disse a cidadã, tenho tantos anos e tantos filhos que sustento sozinha. Quero fazer uma reclamação: já tentei conseguir autorização para fazer uma laqueadura e não consigo. O que devo fazer?
– A senhora precisa fazer um documento e levar ao cartório, respondeu a atendente.
– Que documento é esse? Perguntou a cidadã.
– Eu não sei direito, mas é um documento específico que a senhora precisa levar ao Cartório, explicou a atendente.
– Obrigada, disse a cidadã, com um tom de desânimo na voz.
– Posso ajudá-la em mais alguma coisa? Disse a atendente. A essa altura o relógio indicava treze horas.

Esse relato merece algumas considerações importantes, todas elas feitas à luz dos requisitos preconizados pelo GESPÚBLICA.

Não é lícito enganar as pessoas:

- Ao contrário do que foi dito, não é necessário documento algum para reclamar, muito menos que a reclamação para ser aceita tenha que ser registrada em cartório.

Não é lícito duvidar das pessoas sem qualquer indício de má-intenção:

- A exigência de pedido registrado em cartório foi colocada como requisito (ilegal), para conceder um serviço ao qual a cidadã tem direito. É clara a presunção de que a cidadã, por princípio, é desonesta, a menos que prove o contrário.

Não é lícito usurpar o tempo das pessoas:

- A cidadã desse relato está sendo impedida de ter o que lhe é de direito. Certamente um dia conseguirá, mas quanto tempo perdeu em hospitais e nesse vergonhoso (des)serviço que se diz de atendimento?

Os responsáveis pelo serviço têm o dever de capacitar seus atendentes:

- A atendente não poderia ter respondido à cidadã dizendo que o tal documento é um documento específico. Explicou o quê?

A propósito, o repórter que apresentou a matéria dirigiu algumas perguntas à gestora do (des)serviço e pelas respostas evasivas foi possível perceber o porquê de tanta falta de qualidade.

Não é lícito debochar dos cidadãos:

- Após o agradecimento, que deveria ser entendido como uma repreensão pela baixa qualidade do atendimento, a atendente não poderia ter encerrado o diálogo com a frase decorada: "em que mais posso ajudá-la?" Não seria o ideal, mas pelo menos deveria ter concluído o diálogo pedindo desculpas, jamais debochando.

Atendimento como esse não pode ser computado como resultado.

Provavelmente, o relatório de 2005 desse órgão público de saúde conterá informações dando conta de milhares de atendimentos prestados aos cidadãos.

Seguramente um desses atendimentos será esse divulgado pela televisão no dia 4 de dezembro. Quantos (des)atendimentos como esse estão contados entre esses milhares de atendimentos? Quantos gestores dessa organização irão se promover à custa desses resultados enganosos? Quantos reconhecimentos imerecidos serão concedidos com base nesse simulacro de preocupação com o cidadão?

O sistema de avaliação preconizado pelo GESPÚBLICA abomina esse tipo de resultado que pela experiência que se acumulou não é, como deveria ser, a exceção e sim a regra.

Se bem aplicado, o sistema de avaliação do GESPÚBLICA não permite equívoco dessa natureza. Há uma relação indissolúvel de causa (práticas de gestão) e efeitos (resultados) que permite, com precisão *separar o joio do trigo*.

2. Resultado no GESPÚBLICA

O objeto material do GESPÚBLICA é o sistema de gestão pública, caracterizado pela orientação a resultados que atendam as demandas dos cidadãos e gerem ganhos de qualidade para a sociedade.

O sistema de gestão, como apresentado nos capítulos anteriores, é integrado por um conjunto de práticas de gestão e resultados.

À luz do Modelo de Excelência em Gestão Pública a qualidade das práticas de gestão (liderança, estratégias e planos, cidadãos e sociedade, informação e conhecimento, pessoas e processos) considerada isoladamente é de pouco ou nenhum valor. A capacidade do sistema de gestão somente pode ser avaliada tendo como referência a qualidade dos resultados que o sistema de gestão produz.

Resultados são os efeitos resultantes do movimento interno dos elementos do sistema de gestão, podendo ser imediatos e mediatos, internos e externos.

Os resultados imediatos acontecem em prazos curtos e decorrem diretamente de uma ação ou conjunto de ações. Os resultados imediatos são mais perceptíveis, por isso mais atraentes. são obras de engenharia (escolas, hospitais, estradas), são aprovações e sanções de leis e códigos; são organogramas, manuais, limpezas, criação e extinção de órgãos etc.

Tais resultados respondem a metas estabelecidas em planos, não necessariamente orientados por uma estratégia. Dependem excessivamente de recursos financeiros.

Os resultados mediatos acontecem em prazos maiores – médios e principalmente longos prazos – e são efeitos de outros resultados, imediatos ou mediatos. Os resultados mediatos são mais difíceis de serem percebidos, por isso as ações e os projetos para atingi-los são quase sempre adiados. Dizem respeito, esses resultados, à solução de problemas como analfabetismo, violência, eliminação das desigualdades sociais, erradicação do trabalho infantil, aumento da produtividade e da qualidade do serviço público, cidadania, responsabilidade social etc. Tais resultados respondem a objetivos estratégicos de longo prazo e estão submetidos a uma estratégia. Para esses resultados os planos, embora importantes, são apenas o traçado que determina que ações e em que seqüência a estratégia será posta em prática para dar viabilidade aos objetivos pretendidos.

Os resultados são internos quando ocorrem no âmbito da própria organização, e externos, quando fora dela. Os resultados mediatos decorrem muitas vezes de ações e resultados, imediatos ou mediatos, internos, principalmente àqueles relacionados a mudanças de hábitos e práticas de gestão.

Desse conceito depreendem-se as seguintes proposições:

Um resultado qualquer que não seja efeito do sistema de gestão não é, pelo mesmo motivo, relevante para atestar o grau de qualidade desse mesmo sistema.

A proposição acima deve ser considerada sob dois aspectos:

1. do resultado *heróico;*

2. do resultado fruto de uma boa prática de gestão.

Para o GESPÚBLICA, nenhum deles interessa, apesar de indiscutivelmente positivos.

O resultado *heróico* é aquele que aconteceu ninguém sabe como. A fragilidade do sistema de gestão é o campo mais fértil para sua ocorrência. São aqueles resultados produzidos sob pressão, sem planejamento, com pessoas despreparadas, com altos índices de retrabalho e hora extra. Tais resultados são elogiados e os agentes e a organização considerados verdadeiros heróis.

O resultado fruto de uma boa prática de gestão é aquele decorrente dos valores pessoais de uma ou outra pessoa, quase sempre gerente. Alguns são *fissurados* em gestão de pessoas, outros em planejamento, outros em tecnologia da informação, outros em indicadores etc. Dependendo da preferência, bons resultados relativamente à capacitação, clima organizacional, elaboração de planos e sistemas de informação serão encontrados e até premiados. No entanto, não se consegue, nesses casos, evidenciar, por exemplo, em que medida o bom clima organizacional garante produtividade da atividade-fim da organização e qualidade do atendimento aos usuários (estão todos felizes, há festas de confraternização em abundância, mas o usuário continua mal atendido e irritado).

O resultado é relevante quando decorre de uma cadeia de práticas de gestão.

Uma prática de gestão da alta administração que valorize as demandas e as expectativas dos cidadãos destinatários dos serviços da organização precisa estar sistemicamente ligada a uma ou mais práticas de formulação estratégica e de planejamento que contemplem tais demandas e expectativas. Por sua vez, essas práticas precisam ser apoiadas por práticas de sondagem e avaliação dessas demandas e expectativas junto aos cidadãos e por informações e indicadores devidamente processados para tornarem viáveis não só o atendimento ao próprio usuário como a avaliação de sua satisfação com o serviço público oferecido. Completam essa cadeia as práticas de gestão voltadas para os servidores para que prestem serviços com produtividade e qualidade atuando em processos eficientes, continuamente monitorados.

Um resultado relevante precisa evidenciar tendência positiva constante.

Uma organização pública qualquer, com resultados relevantes, mas sem evidências de melhoria constante desses resultados (tendência positiva) revela um sistema de gestão em início de implementação. As práticas desse sistema de gestão não se tornaram, ainda, um hábito, não foram, ainda, institucionalizadas.

Essa condição inicial do sistema de gestão em transformação é frágil e, como uma semente que começa a germinar, é extremamente dependente da liderança (ver item 1 do capítulo anterior). A experiência tem demonstrado que muitas, para não dizer a maioria, dessas organizações não têm tido sucesso. Mudanças de humor, medo de assumir riscos da alta administração e principalmente a alta rotatividade de seus membros têm sido as principais causas dos fracassos e, por isso, as principais ameaças nos momentos iniciais da transformação.

Um resultado relevante, com tendência positiva constante, deve aproximar-se e, se possível, superar referenciais comparativos de excelência em nível mundial.

Uma organização pública qualquer, com resultados relevantes e tendência positiva constante desses resultados, mas sem referenciais comparativos (desempenho), atesta um grau médio para superior de institucionalização do sistema de gestão que produz e mantém resultados positivos há pelo menos três anos.

Essa condição estável do sistema de gestão é dada por resultados específicos de um órgão ou entidade. Tal avaliação pode conduzir a conclusões falsas sobre os resultados (podem não ser tão bons quanto parecem) e a um diagnóstico equivocado do sistema de gestão (o seu conjunto de práticas e a sinergia dessas partes na direção dos resultados podem não ser tão vigorosas como aparentam ser). Os resultados vistos de forma absoluta podem mudar ser vistos de forma relativa, se comparados a referenciais adequados de outros órgãos ou entidades em dimensão universal.

Um exemplo atual está sendo dado pelos resultados da economia brasileira: avaliando internamente a maioria dos especialistas afirmam que a economia está bem. Quando essa mesma economia é comparada com países de características semelhantes às do Brasil, todos estão crescendo a taxas entre seis e nove por cento ao ano e o Brasil, no mesmo mundo, está conseguindo, no máximo, uma taxa em torno de três por cento ao ano. Tal crescimento em termos comparativos não existe; pelo contrário, estamos ficando cada vez mais para trás.

Pelo padrão GESPÚBLICA não haverá excelência em gestão se os resultados da organização não estiverem distribuídos entre próximos, iguais e superiores aos referenciais internacionais compatíveis.

Tais afirmações parecem radicais, mas os fatos com os quais nos debatemos todos os dias não deixam dúvidas sobre a necessidade de firmar propósitos em algo que viabilize a administração pública sair definitivamente da condição miserável em que se encontra.

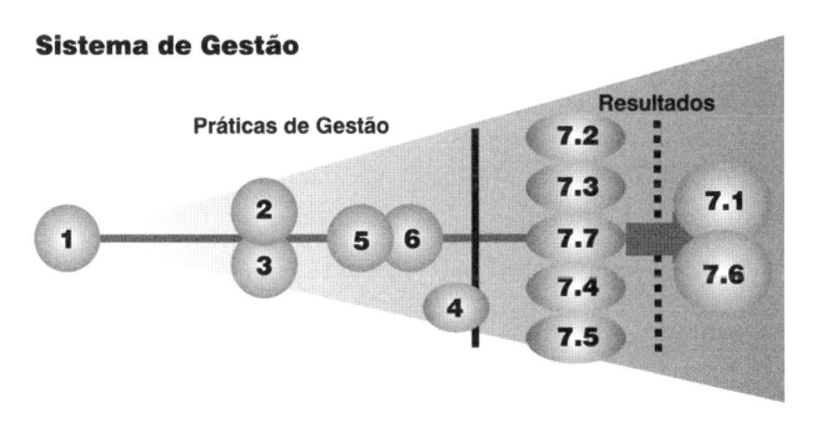

Sistema de Gestão

O critério *resultados* tal como a *práxis gespublicana* tem demonstrado, não tem conseguido avaliar com plenitude os resultados decorrentes de um sistema de gestão pública de excelência, cuja principal característica é estar dirigido para o cidadão.

A fragilidade é do critério e não do Modelo de Excelência em Gestão Pública, do qual este e os demais critérios são desdobrados. Portanto, trata-se de rever o critério que traduz Modelo, não Modelo.

Esta fragilidade dos instrumentos de avaliação do GESPÚBLICA é um importante e grave resquício da submissão aos instrumentos privados de avaliação da gestão.

No setor privado, o principal resultado é o lucro financeiro. É um resultado tangível, contabilizável, objetivamente demonstrável. Essa característica torna a avaliação de resultados elemento natural do campo da administração – a administração financeira.

Certa ocasião assisti a uma palestra da Fundação Nacional da Qualidade[51] – FNQ, em que um gráfico mostrava de forma objetiva o desempenho supeiror das empresas ganhadoras do Prêmio Nacional da Qualidade em relação à valorização de suas ações comparadas aos índices da Bolsa de Valores de São Paulo – BOVESPA.

A atividade financeira do Estado traduz-se na obtenção de recursos patrimoniais (receita), na sua gestão e, ao final, na sua aplicação para a realização dos fins do Estado (despesa). De acordo com o *princípio do equilíbrio*, a gestão financeira dos recursos pode ser demonstrada pela relação de igualdade entre receita e despesa (nível de receita igual ao nível de despesa), ou seja, na aplicação efetiva da totalidade dos recursos arrecadados. Eventuais resultados financeiros positivos ou superávits (receita maior que despesa) podem decorrer tanto da redução de custos dos processos (a organização fez mais com menos) quanto de um planejamento e/ou gestão deficiente dos recursos, o que pode significar, entre outras razões, má distribuição dos recursos públicos.

Assim, diferentemente da relação que a empresa privada tem com o lucro, o Estado não tem por objetivo apurar superávits continuados, principalmente porque a sua eficiência não deve ser medida por tal critério econômico, mas pela satisfação das necessidades públicas, ou seja, pelo

---

[51] À época, Fundação para o Prêmio Nacional da Qualidade – FNPQ.

impacto positivo de sua ação sobre o ambiente que deveria, por missão institucional, impactar. Se o Estado perseguisse o superávit continuado, não estaria, certamente, satisfazendo as necessidades da população e esta estaria sofrendo uma carga tributária não revertida em seu benefício.

Dessa forma, os indicadores de resultados orçamentário-financeiros das organizações da administração direta, autárquica e fundacional devem demonstrar que a aplicação dos recursos e a redução de custos não devem afetar negativamente a qualidade e a eficácia dos serviços prestados e respectivos processos ou ainda a satisfação dos usuários e/ou o impacto no ambiente.

Além disso, para o setor público, o resultado final do sistema de gestão não é e não pode ser financeiro[52]. É e tem que ser social. A expressão *ganhos sociais* expressa com maior propriedade o sentido do resultado nobre e único da administração pública.

Esse resultado social não é elemento natural da administração, por isso depende, na maioria das vezes, de avaliações sociopolíticas. Nesse sentido, o Modelo de Excelência em Gestão Pública é referencial técnico-político de gestão e não apenas um modelo baseado em processos técnico-administrativos de gestão.

Séries históricas demonstram eficiência e eficácia da fiscalização, da assistência ao trabalhador, do policiamento ostensivo, da capacitação dos servidores, mas não há evidência dos efeitos desses resultados na reversão dos indicadores desfavoráveis do ambiente em que atuam.

É grande o estoque de resultados obtidos pelos órgãos e entidades que aderiram ao GESPÚBLICA. São milhares de resultados positivos de eficiência e de eficácia. No entanto, ainda são poucos e frágeis os resultados efetivos – resultados cujo impacto positivo gerem ganhos sociais, traduzidos em qualidade de vida. A distância entre a economia brasileira e a quali-

---

[52] Exceção a algumas empresas públicas e a todas as sociedades de economia mista. O conceito usual de lucro – como a diferença entre o preço de venda e o custo de produção – somente é aplicável nessas empresas que exploram atividades econômicas, em casos expressamente previstos em lei.

dade de vida dos brasileiros é uma evidência inconteste do pouco que o Estado tem feito para o cidadão.

É fundamental, por esse motivo, a adoção dos indicadores de impacto para a avaliação da efetividade da ação pública, visto que indicadores de eficácia ou eficiência se referem ao desempenho do processo e não ao valor que agregam junto aos seus cidadãos e à sociedade.

8
O GESPÚBLICA à luz de perspectivas teóricas de Políticas Públicas

O GESPÚBLICA é a mais arrojada política pública formulada para a gestão; é essencialmente pública, é obsessiva na busca da rentabilidade social. É uma política pública que se fez federativa pela adesão dos demais poderes e esferas de governo.

Daniel
Salvador, 6/7/2005

1. O GESPÚBLICA não reproduz um modelo teórico específico

Antes de qualquer referência às principais perspectivas teóricas de análise de políticas públicas é importante ressaltar que a mudança da administração pública proposta pelo Programa Nacional da Gestão Pública e Desburocratização não é decorrência de escolha prévia de um ou outro modelo teórico.

Na realidade, talvez esta seja provavelmente a primeira vez que é feita uma reflexão sobre a política pública de gestão consubstanciada pelo GESPÚBLICA tendo por base modelos teóricos. O ganho com tal investida é em conhecimento, traduzido em aumento da compreensão do próprio Programa e dos principais fatores que podem facilitar ou dificultar o seu desenvolvimento no campo da prática.

2. Teoria das elites – perspectiva gerencial

"O modelo", afirmam Sherpherd e Valência a respeito da teoria das elites, "promete substanciais ganhos na eficiência e transparência e, por conseqüência, na *accountability* da administração pública" (Sherpherd e Valência, 1996).

Tomando por base o referencial das perspectivas teóricas apresentadas por Alford e Friedland em seu livro "Powers of Theory", é possível identificar o GESPÚBLICA com algumas características típicas da teoria das elites (ou perspectiva gerencial).

O Modelo de Excelência em Gestão Pública proposto pelo Programa está orientado para a construção de uma gestão pública vigorosa, tanto na formulação como na implementação de ações. Essa rede de organizações públicas à medida que se alinhar com as diretrizes do GESPÚBLICA tende, incrementalmente, a tornar o Estado gerencialmente vigoroso, vivo e atuante.

Os Critérios Liderança e Estratégias e Planos estabelecem os requisitos essenciais à construção de uma gestão pública com tais características. Os principais ganhos se manifestam em termos de eficiência, na medida em que há uma exigência intrínseca de alinhamento de recursos em função do direcionamento estratégico estabelecido pela visão de futuro e de *accountability* da gestão pública, na medida em que um dos requisitos da excelência em gestão é o envolvimento de todas as partes interessadas, incluída aí, necessariamente, a sociedade.

Ao propor o referencial de excelência expresso no Modelo de Excelência em Gestão Pública e o seu impacto no campo da prática, traduzido em órgãos e entidades públicos que passam a produzir resultados sustentados por práticas de gestão, processos e estruturas organizacionais de extrema racionalidade, o GESPÚBLICA caracteriza-se como uma política fortemente alicerçada na perspectiva gerencial.

O GESPÚBLICA dá ênfase, no nível da análise, à dimensão organizacional, aspecto primário da perspectiva gerencial. A organização está no centro da dimensão institucional da nova administração pública proposta pelo Programa, assim como, sob o aspecto empírico da perspectiva gerencial, a organização é o ponto focal de sua base teórica.

No entanto, o objetivo do GESPÚBLICA, claramente explicitado, não deixa menos evidente a sua direcionalidade voltada para realizar a mudança de uma administração burocrática para uma administração de resultados efetivos. Tal objetivo pressupõe uma racionalidade instrumental, portanto de natureza burocrática, como meio de atingir o resultado desejado.

A proposta do GESPÚBLICA está fortemente alicerçada nos princípios da administração gerencial (*managerialism*), cuja essência é orientar a administração pública para resultados e para o cidadão, embora rejeite com veemência trilhar os caminhos escolhidos por aqueles que tentaram implantá-la sob a presunção de que a administração privada poderia ser literalmente copiada pela administração pública.

Há, ainda, grande e crucial dificuldade de ordem prática na definição e formulação de políticas públicas orientadas pelos princípios da administração gerencial: o risco de desconsideração do contexto político.

A versão brasileira da administração gerencial pretendida pela Reforma do aparelho do Estado – 1995, comprometeu o atingimento de seus objetivos, em parte por desconsiderar o contexto político, acreditando exageradamente na força do plano em detrimento da estratégia. A implantação da administração gerencial estabeleceu a meta e o método para produzir mais de duas centenas de qualificações de Organizações Sociais e Agências Executivas, não definiu, contudo, a estratégia para cumprir o plano. O resultado obtido não passou de cinco frágeis[53] qualificações.

Há uma forte tendência à racionalidade do cálculo, da previsão exata, da lógica do planejamento, deixando à margem os fatores relevantes como o ambiente, o peso dos atores que interferem no curso das decisões, e a lógica da estratégia. Em administração pública, mais do que em qualquer outro setor, é preciso levar em consideração a dimensão política. Ao colocar a estratégia acima do plano, o Programa Nacional de Gestão Pública e Desburocratização evidencia a importância da visão de futuro como fator de coerência do processo decisório e, em conseqüência, a importância da trajetória estratégica que determinará o melhor arranjo de ações e planos para atingir o estado futuro desejado.

3. Teoria da escolha pública (*public choice*)

A abordagem *Public Choice* tem como premissa fundamental orientar o interesse do governo para o bem comum (Bobrow Dryzek, 1987), eliminando a tendência de olhar para os seus próprios interesses. A proposta do GESPÚBLICA vai na direção de orientar a administração pública para resultados, aqui entendidos como serviços e ações de Estado que atendam as necessidades do cidadão.

No dizer de Clemente Nóbrega, não é o esforço, mas o resultado, que define a gestão. No caso da administração pública esse resultado tem que ser social (Nóbrega, 2005).

Para fazer com que isso possa se tornar realidade, é necessária uma *extrema descentralização* (Bobrow e Dryzek, 1987), como forma de garantir que os serviços públicos cheguem a toda a população e com alto padrão de qualidade.

Tal mudança inclui, no dizer de Bobrow e Dryzek, "o tamanho ótimo das agências públicas" (Bobrow e Dryzek, p. 49). Tais aspectos estão na essência do Modelo de Excelência em Gestão Pública voltado para a construção de organizações públicas de alto desempenho em substituição às atuais mega-organizações superdimensionadas, com estruturas que au-

---

[53] Frágeis porque as flexibilizações e o monitoramento dos contratos praticamente não aconteceram se comparados às pretensões da Reforma.

mentaram de forma desproporcional em relação aos serviços que prestam, desenvolvendo, com o tempo, processos que não agregam qualquer valor ao cidadão e não contribuem para o "bem comum".

Teorias como a *Public Choice* representaram uma saída eficaz para a ruptura com a burocracia. Esta característica de ruptura com a burocracia não se contrapõe à abordagem da teoria das elites (gerencial), onde a burocracia lhe oferece a racionalidade como instrumento de análise. São duas dimensões da mesma burocracia: a primeira, como instrumento de análise; a segunda, como prática administrativa, e, neste caso, como objeto de rejeição tanto da abordagem *Public Choice* como do GESPÚBLICA.

Comentário de Bobrow e Dryzek sobre a *Public Choice* é de vital importância para o estudo do Programa Nacional de Gestão Pública e Desburocratização, principalmente no que se refere à sua implementação, onde os diversos agentes vão atuar no sentido de transformar os objetivos da política em resultados concretos. Segundo os autores, a *Public Choice* requer um *mega-formulador* com todos os poderes para mudar as estruturas de decisão, ou instituições capazes de transformar essas estruturas incrementalmente (Bobrow e Dryzek, p. 51).

Em regimes autoritários, é possível encontrar o *mega-formulador*, mas nos Estados democráticos, a pressão política e a resistência organizacional fazem desse *mega-formulador* um "animal raro" no dizer de Bobrow e Dryzek. A segunda alternativa é a mais realista e nela se traduz a estratégia do GESPÚBLICA de "construir" instituições capazes de fazer a transformação desejada.

4. O Contexto: fator determinante do sucesso da política

"O sucesso ou o fracasso de qualquer política dependem crucialmente do contexto" (Bobrow e Dryzek, 1987). Seguindo o *protocolo* proposto por Bobrow e Dryzek, é possível avaliar a formulação e a execução do GESPÚBLICA, a partir de cinco dimensões: complexidade e incerteza; potencial de feedback, controle, estabilidade e audiência.

O quadro a seguir apresenta essas dimensões e sua configuração no ambiente do Programa Nacional da Gestão Pública e Desburocratização.

Dimensão	GESPÚBLICA
Complexidade e incerteza Refere-se ao número e à variedade de elementos e de interação no ambiente do sistema de decisão.	Realizar o GESPÚBLICA implica influenciar e receber influência de uma rede complexa de atores internos e externos. Há elementos fortes e determinantes que atuam no processo decisório com diversos e diferentes pontos de interação. Nessa rede atuam atores com força e motivação a favor e contra o Programa. Há uma grande quantidade de atores com força, porém sem motivação. Esses têm sido o espaço do jogo mais crucial para o GESPÚBLICA, pois tais atores, por não terem motivação, podem ser facilmente convencidos a jogar contra e, como têm força, fazem a diferença, como já fizeram. Felizmente em algumas batalhas, não na guerra.
Potencial de feedback É o nível de informação e a possibilidade, em função dela, de reorientar a política.	A Rede Nacional de Gestão Pública, as organizações que aderiram ao Programa e os atores com força e motivação dão o feedback necessário para manter em constante processo de melhoria a política de gestão pública formulada há quinze anos pelo GESPÚBLICA. Atores – voluntários – com motivação e relativa força têm garantido a execução plena do Programa.
Controle Corresponde ao grau de garantia que um ator ou um pequeno grupo de atores pode dar à execução plena da política proposta.	Os atores governamentais ainda não podem ser apresentados como garantia à execução plena do GESPÚBLICA.
Estabilidade Corresponde ao nível de estabilidade na implementação da política.	Os quinze anos do Programa evidenciam sua estabilidade. O fator crítico para o sucesso desta estabilidade está no voluntariado, atualmente integrado na bem-sucedida Rede Nacional de Gestão Pública.
Audiência O povo genericamente é a audiência na política pública, mas para cada caso há segmentos diferentes de espectadores.	A audiência do GESPÚBLICA é integrada pelos órgãos e entidades da administração pública brasileira, os servidores públicos e os cidadãos usuários dos serviços públicos prestados pelos órgãos e entidades que dele participam.

Como é possível perceber, pela análise do contexto, ficam explícitas uma fragilidade e uma força, ambas de natureza estratégica. A fragilidade como conseqüência do descompromisso generalizado da alta administração dos governos aos quais competem a administração e a condução política do Estado. A força, suficientemente robusta para neutralizar e às vezes suplantar as ameaças dos líderes dos governos, vem da rede de voluntários que, pela união em torno de valores nos quais acreditam, chegam a ser até irreverentes em relação às tentativas de impedir o GESPÚBLICA de avançar.

Para concluir este capítulo, achei oportuno utilizar o quadro de Lowi e Froman, para avaliar o GESPÚBLICA em relação a dois elementos importantes: a quantidade de mudança contida no Programa e o nível de consenso sobre sua proposta.

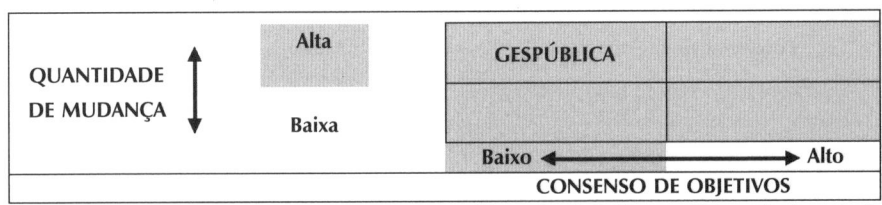

QUANTIDADE DE MUDANÇA	Alta	GESPÚBLICA	
	Baixa		
		Baixo ←――――――→ Alto	
		CONSENSO DE OBJETIVOS	

Dimensões da Política que Afetam a Implementação

Embora de natureza comum, a quantidade de mudanças proposta pelo GESPÚBLICA pode ser considerada alta. São mudanças que atingem todo o sistema de gestão com o propóstito de internalizar – nas pessoas – e institucionalizar – nas organizações, novos hábitos gerenciais. Além de muitas, tais mudanças são complexas e demandam longo tempo para se tornarem efetivas, no sentido de valores e práticas corporativas.

O baixo consenso não é sobre a necessidade de mudança, mas sobre como e quando mudar. As urgências, em geral, têm prioridade absoluta sobre as importâncias. As *ações pirotécnicas* de efeito rápido, mas efêmero e às vezes negativo, têm preferência sobre aquelas ações incrementais de efeito mais lento, porém mais efetivos. Os *choques* são preferidos às ações vigorosas, só viáveis mediante contratos psicológicos e compromissos das pessoas com a transformação.

Esse baixo consenso tem na "cegueira situacional" e nos projetos pessoais da alta administração suas principais causas.

9
O desafio da mudança

"Um dia li no pára-choque dianteiro de um caminhão a seguinte frase: *'dizem que fumar mata lentamente'*; quando o caminhão passou, li no pára-choque traseiro: *'...e quem disse que eu tenho pressa de morrer?'* Para mudar é preciso vontade, e vontade não se estabelece por decreto."

Daniel
São Luis, 2005

1. A natureza da mudança proposta pelo GESPÚBLICA

O Programa Nacional de Gestão Pública e Desburocratização apresentou à administração pública brasileira há mais de quinze anos uma proposta de mudança da prática gerencial do setor público.

O conceito de mudança proposto pelo GESPÚBLICA se define pela junção de três elementos essenciais: o sentimento, o pensamento e a atitude em transformação. *"Alteração de sentimentos e de atitudes"* (Nascentes, 1988); *"Mudança envolve o esforço de alteração das formas vigentes de pensar e agir dos membros da organização"* (Gioia e Chittipeddi apud Wood Jr, 1995).

A palavra *prática*, já traz consigo a idéia de hábito. Como a proposta é de mudança, é, naturalmente, uma proposta de hábito. Neste ponto está o cerne de toda a questão: mudança de hábito é um fenômeno complexo, às vezes tornado, sem o ser naturalmente, complicado.

Essa complexidade é conseqüência de dois importantes aspectos: a vontade das pessoas e a força das instituições.

2. A vontade das pessoas

Não basta a um programa como o GESPÚBLICA estabelecer o futuro desejado e as ações necessárias para atingi-lo. Esse futuro desejado inclui novas práticas de gestão, pressupõe novos hábitos, valores e regras de comportamento das pessoas que precisam querer mudar.

Não se trata, portanto, de estabelecer uma nova ordem por meios mecanicistas e burocráticos. Embora necessários, esses meios precisam ser precedidos e acompanhados de ações contínuas de envolvimento das pessoas.

O trabalho dos professores Robert Eccles, Nitin Nohria e James Berkley, da Universidade de Harvard, dá contribuição importante a este tema. Nessa obra, os autores desenvolvem o tema da *'administração eficiente*[54] falando

---

[54] A propósito, a Emenda Constitucional nº 19, de 4 de junho de 1998, acrescenta aos princípios a serem seguidos pela administração pública o princípio da eficiência (Artigo 37).

de três elementos-chave, antigos, mas válidos e atuais: a retórica, a ação e a identidade.

"A retórica é bem usada quando mobiliza as ações das pessoas de uma maneira que contribui para os indivíduos como pessoas, e para o desempenho das organizações como um todo. Abusa-se dela quando permanece desligada da ação ou quando leva a ações que são prejudiciais para os indivíduos e a organização."

"A ação é sempre a prova final" (...) *"A ação vigorosa é a que realiza objetivos em curto prazo, preservando ao mesmo tempo a flexibilidade em longo prazo"*.

A identidade *"significa considerar como as identidades se formam e são mantidas nas organizações, e como a busca da identidade pessoal – na sociedade contemporânea talvez mais do que nunca – constitui um aspecto inseparável de tudo o que ocorre nelas"* (Eccles, 1994).

Com base no estudo desenvolvido por Eccles, Nohria e Berkley é possível definir um modelo genérico capaz de oferecer estratégia eficaz com vistas a obter a cooperação e o comprometimento das pessoas.

O quadro a seguir apresenta esse modelo elaborado a partir dos três elementos-chave apontados pelos autores de Harvard.

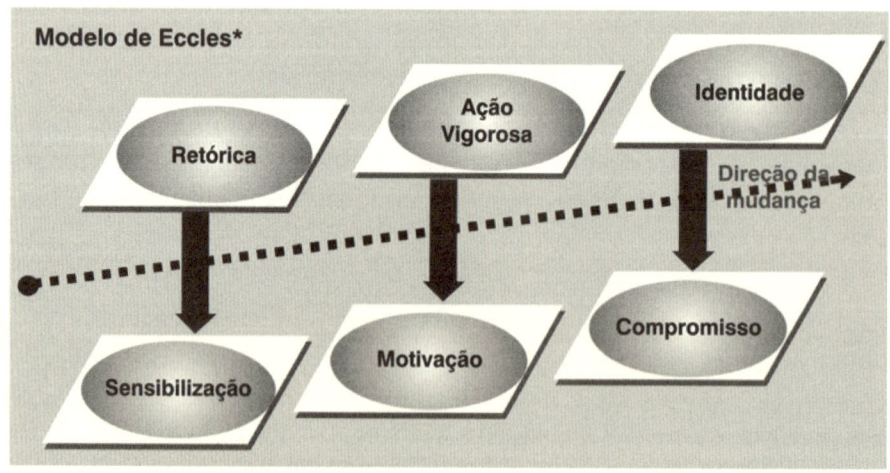

Modelo de Eccles*

Retórica → Sensibilização
Ação Vigorosa → Motivação
Identidade → Compromisso

Direção da mudança →

* Adaptado para o processo de mudança.

Independentemente do escopo e da intensidade da mudança organizacional que se deseja fazer, ou até mesmo para garantir bons resultados em ações que objetivam melhorar continuamente o desempenho da organização, é essencial considerar o papel dos agentes que transformarão o projeto de mudança em realidade, estejam estes agentes na condição de gerentes da mudança, de facilitadores ou de destinatários ou objetos dessa mudança.

A proposta do GESPÚBLICA, para ser efetiva, estável no tempo, não pode se limitar a mudanças na dimensão institucional-legal. Legislar e normalizar, criar modelos institucionais e conceber novas práticas, como têm feito os reformadores ao longo da história da administração pública brasileira, pode ser um passo importante e necessário, mas seguramente insuficiente para transformar a gestão.

Será preciso que as pessoas (agentes da mudança) cumpram as leis e as normas, se apropriem dos novos valores, tornem reais as instituições idealizadas e procedam espontaneamente em conformidade com as novas práticas estabelecidas.

Para uma mudança sair do plano para a realidade é necessário, pela sua natureza, que não só haja uma transformação dos servidores públicos, mas da sociedade enquanto destinatária e mantenedora da ação e dos serviços do Estado. Isso implica mobilizar o cidadão com vistas a obter dele o máximo de cooperação e o comprometimento com a mudança em sua maneira de se relacionar com a administração pública.

É imprescindível, portanto, mudar o padrão de comportamento dos servidores públicos, porque é preciso mudar o modo de operar da organização pública. Da mesma forma, é imprescindível mudar a atitude dos cidadãos, porque é preciso mudar a forma de relacionamento da sociedade com o Estado.

2.1 A retórica

Quanto mais cedo as pessoas forem envolvidas com a temática da mudança, mais cedo se consideram participantes e comprometidas com ela. Assim, é preciso falar da mudança e de seu propósito antes mesmo de concluir a sua formulação. A participação dos gerentes públicos e demais servidores e dos cidadãos no processo de conceber e planejar a mudança é um elemento que aumenta a capacidade de convencer e mobilizar as pessoas.

A maneira de obter esta participação nos momentos iniciais da mudança é falando com as pessoas a respeito do que se pretende mudar, como e para quê.

As chances de obter apoio e comprometimento dependem, principalmente nos momentos iniciais, da estratégia de comunicação utilizada e do "tom" da mensagem dirigida aos agentes da mudança. "É preciso compreender a retórica como uma força poderosa, inicial e 'enraizadora' do processo de mudança" (Eccles, 1994).

Por ser uma estratégia eficaz, quando bem utilizada, a retórica é também um fator de risco, quando utilizada de forma inadequada. Dependendo da linguagem utilizada obtém-se disposição para a cooperação ou para a oposição.

"Um administrador pode passar a maior parte do seu dia conversando com pessoas, ou decidindo como falar sobre certas atividades em sua organização, e mesmo assim não ter consciência da extensão em que a linguagem cria o contexto para tudo o que ele faz" (Eccles, 1994).

"Em nossa opinião, a retórica é bem usada quando mobiliza as ações das pessoas de uma maneira que contribui para os indivíduos, como pessoas, e para o desempenho das organizações como um todo. Abusa-se dela quando permanece desligada da ação ou quando leva a ações que são prejudiciais para os indivíduos e a organização" (Eccles, 1994).

Para os autores de *Assumindo a Responsabilidade*, "os administradores vivem num universo retórico – universo onde a linguagem é constantemente usada não só para comunicar, mas também para persuadir, e até mesmo para criar" (Eccles, 1994).

Em mudanças semelhantes à proposta pelo GESPÚBLICA, em que é preciso obter o máximo de cooperação e comprometimento com diversas categorias de agentes, que vêem e interpretam a administração pública de forma diferente, exige-se uma estratégia de condução da retórica de tal forma que os argumentos e as informações considerados eficazes para convencer uma audiência, não sejam ao mesmo tempo suficientemente fortes para determinar a oposição de outra.

Poderoso fator de influência sobre os resultados da retórica da mudança é a história das mudanças de natureza semelhante por que passou a organização, principalmente em passado recente. Mudanças feitas com sucesso tendem a influenciar positivamente; o contrário, tende a ser fator de influência negativo que impõe um desafio maior para sensibilizar as pessoas. Quando há uma *memória de mudanças fracassadas* o desafio vai além de sensibilizar as pessoas para a mudança, faz com que elas acreditem que desta vez será possível mudar.

Um bom indicador do sucesso da retórica é ouvir a fala das pessoas. Não a fala nos auditórios, após uma palestra de sensibilização, nem durante uma reunião de trabalho sobre o assunto, mas nos corredores, no restaurante, durante o cafezinho etc. Dessas situações provém sinal confiável do grau de cooperação ou de oposição.

Para Paul Fireman, da Reebok, a maneira de promover uma mudança real numa organização "é iniciar nela uma novo tipo de conversa. (...) E é preciso continuar a fazer isso até começar a ouvir um tipo novo de conversa. Aí então sabemos que conseguimos uma mudança de verdade" (Fireman *apud* Eccles, 1994).

A retórica é, portanto, o momento da informação, de explicar o que se pretende, de dizer onde se deseja chegar e qual a estratégia para caminhar até a situação desejada. Nesse momento, aparecem as primeiras evidências de aceitação, de apoio à mudança. Há uma sensibilização para a mudança.

2.2 A ação vigorosa

O segundo momento é fazer seguir à retórica um conjunto de ações vigorosas de implementação da mudança. Ações que mostrem na prática o significado da transformação anunciada. É importante nesse momento mesclar ações cujos resultados sejam perceptíveis a curto, médio e longo prazos, de forma a mostrar resultados imediatos e sinalizar com clareza a viabilidade dos resultados futuros.

Esse momento é crítico para o sucesso da mudança. É preciso que ações gerem resultados que tornem claros a viabilidade da transformação desejada e o acerto das primeiras ações. A ação vigorosa determina a adesão das pessoas e as motiva.

Para Eccles, Nohria e Berkley a ação vigorosa consiste em descobrir o que funciona em determinados contextos e situações – consiste no *know-how* pragmático obtido pela experiência concreta (Eccles, 1994).

É muito comum deter-se indefinidamente em palestras, cursos e longos períodos sem uma ação concreta de implementação das idéias e planos de mudança anunciados. "Nas organizações", dizem os autores, "palavras sem atos não são exatamente vazias, já que podem enfraquecer todas as palavras que as seguem" (Eccles, 1994).

Uma retórica, por mais forte e bem conduzida que seja, desaparece e desestimula se não for acompanhada de uma ação vigorosa que ponha em prática a mudança e passe a convencer pelos resultados positivos que produz.

Uma das ações mais vigorosas em um processo de reforma é mostrar de forma evidente que os *reformadores se reformaram,* que a alta administração pratica os preceitos que defende. É importante destacar o papel crucial da liderança na condução da organização num processo de melhoria e de transformação gerencial.

Pelo simples fato de estarem envolvidos diretamente com a mudança, os líderes são cobrados pela coerência do discurso com a ação. Em muitos casos, são, esses líderes, protagonistas de uma ação vigorosa em sentido contrário, ou seja, de resultado negativo, obtendo oposição à mudança no lugar de cooperação e compromisso.

Um grande pregador costumava dizer em seus sermões que "o púlpito mais alto do mundo é o do exemplo". Sermão sem exemplo de vida e retórica sem ação vigorosa têm efeito negativo, afastam em vez de aproximar, induzem ao fracasso em lugar de comprometer com o sucesso.

O resultado natural e desejado da ação vigorosa é a transformação da sensibilização em motivação para a mudança. A ação tem o poder de fazer com que as pessoas deixem apenas de concordar ou de aceitar a mudança e passem a querer e a participar dela.

A motivação tem um efeito multiplicador, a pessoa motivada sensibiliza os outros, forma opinião e busca convencer as pessoas dos benefícios da mudança.

Para os autores, "as pessoas já estão sempre motivadas a serem o que desejam ser". A ação vigorosa, neste caso, transformará a sensibilização em motivação à medida que cada pessoa perceber alguma identidade ou contribuição da ação com aquilo que deseja ser.

Os autores apontam, ainda, uma característica dos administradores que tem se mostrado de forma evidente na administração pública: *"os projetos"*, dizem eles, "são, em geral, preparados e depois traduzidos na prática, freqüentemente com mais ênfase na formulação do que na implementação" (Eccles, 1964). Este procedimento se reflete em uma retórica baseada apenas em propósitos e desejos, sem ensejar uma ação objetiva de transformação da realidade.

A prática da formulação se esgota na aprovação das leis e das normas que regerão a nova realidade proposta. A prática da implementação começa com a transformação das atitudes das pessoas, com a transformação de objetivos em resultados. Quando isto não acontece, a mudança fracassa, apesar da lei e das normas.

2.3 A identidade

O terceiro momento é apenas conseqüência natural dos momentos anteriores: é a ocorrência do processo interno de cada pessoa de identificar-se com a mudança.

Neste momento os novos valores, princípios e práticas estão internalizados, a motivação se transformou em compromisso. Esse comprometimento torna espontâneo o proceder de acordo com as novas regras estabelecidas.

A identidade das pessoas com a nova situação transforma a motivação em compromisso. O compromisso é mais estável do que a motivação, na medida em que é fruto da identidade das pessoas com a nova realidade e, por isso, menos sujeito aos movimentos rápidos das pequenas coisas negativas que se entremeiam no dia-a-dia das organizações.

No entanto, para atingir essa identidade das pessoas com a mudança é preciso trabalhar insistentemente com elas já a partir dos momentos iniciais da comunicação da mudança, para que enxerguem no todo da proposta alguma coisa que esteja em harmonia com sua maneira de pensar e que represente um espaço viável para a construção pessoal. Como dizem Eccles, Nohria e Berkley , "é adotar uma dimensão da identidade coletiva importante para a definição da identidade pessoal" (Eccles, 1994).

Para atingir esse momento em que uma parte da identidade coletiva passa a integrar a identidade particular das pessoas é necessário que as ações sejam vigorosas no sentido de abrir espaço para as diferenças individuais, principalmente para as diferentes motivações dos agentes e fazer com que cada um encontre na proposta de mudança uma maneira de alcançar ou pelo menos de aproximar-se daquilo que deseja ser.

A participação das pessoas é imprescindível e deve começar com o envolvimento delas naqueles assuntos ou atividades dos quais se julgam conhecedoras, normalmente relacionados com as suas áreas de trabalho. Dizem os autores de *Assumindo a Responsabilidade:*

"As escolhas feitas pelas pessoas e a continuada inventividade com a qual reúnem recursos para agir – são esses os verdadeiros motores da mudança".

"O que estamos sugerindo é que os administradores desçam até os fundamentos de como as coisas acontecem. Compreender as bases da mudança na atividade humana significa adotar uma perspectiva política das organizações, tanto no sentido positivo como negativo da palavra. No sentido positivo, a política se refere à promoção da ação coletiva de um grupo de pessoas que podem ter identidades e interesses muito diferentes. Refere-se à disposição de usar o conflito e a desordem criativamente. O sentido negativo vem, é claro, do fato de que as tentativas de reconciliar esses interesses resultam em lutas de poder e jogos organizacionais que por vezes podem adquirir uma vida própria totalmente improdutiva" (Eccles, 1994).

A internalização da nova situação por um número significativo de pessoas promove a institucionalização da mudança na organização, ou seja, a nova situação passa a ser o padrão de normalidade da ação da organização.

Atingida a situação desejada é preciso mantê-la, dar-lhe estabilidade para que, em longo prazo, se transforme em padrão de comportamento desejado e esperado tanto pelos agentes internos da organização como pelos usuários dos serviços por ela prestados. Cria-se, então, espontaneamente, um mecanismo de auto-reforço que tende a manter a nova situação.

Até atingir o patamar do comprometimento da maioria dos agentes com a mudança é preciso vencer as resistências.

As práticas arraigadas e a cultura da administração pública representam o principal desafio para uma mudança efetiva. A força, o entusiasmo e até mesmo o poder dos reformadores e dos seus adeptos da primeira hora são importantes, mas vão se tornando cada vez mais fracos e menos influentes à medida que o tempo passa e não há avanço visível das mudanças e das ações vigorosas que estimulam e reforçam as novas práticas.

Caso isso aconteça, haverá um paulatino aumento da resistência à mudança, definida por Ansoff como "uma reação natural de grupos e indivíduos às mudanças que ameaçam sua cultura e sua posição em termos de poder" (Ansoff, 1993).

Eccles, Nohria e Berkley discordam em parte de Ansoff, pois não acreditam que a maioria das pessoas prefere o *status quo*. Para eles, a maioria das pessoas busca a mudança.

Assim, a resistência das pessoas não se dá pelo fato de não quererem mudar, mas porque não concordam com a estratégia estabelecida, muitas vezes por não conseguirem perceber nela alguma possibilidade, por menor que seja, de realização pessoal.

"O que torna difícil a mudança não é o fato de que as pessoas resistam a ela, mas que tenham diferentes opiniões sobre quais ações ou mudanças são necessárias. Quando as pessoas resistem à mudança não é porque se oponham à mudança em si, ou mesmo porque desejem ter voz nela, como muitos consultores organizacionais nos querem fazer crer. Ao contrário, é muitas vezes porque se opõem à mudança ou ação específicas que estão sendo propostas. As pessoas não são tolas: elas deduzem com bastante rapidez como até a mais abstrata das mudanças pode afetá-las pessoalmente" (Eccles, 1994, p. 236).

Por esse motivo é tão importante fazer com que as pessoas se identifiquem com a mudança proposta. Essa identidade com o novo é tanto mais difícil de ser obtida quanto mais inovadora ela for em relação à realidade com a qual as pessoas estão acostumadas. "A resistência à mudança é proporcional à magnitude das descontinuidades introduzidas na cultura e na estrutura de poder, e inversamente proporcional a sua velocidade de introdução" (Ansoff, 1993).

3. A força das instituições

O papel transformador das instituições pode ser decisivo para uma mudança que pretende atingir novo patamar gerencial e nova cultura de administração pública, orientada para resultados e voltada para o cidadão. O estudo desenvolvido por Putnam[55] procura mostrar o poder transformador das instituições em mudanças desta natureza.

Para isso, é preciso definir com precisão o que se entende por *instituição* e como o termo está sendo utilizado neste trabalho. É preciso, também, apresentar a fundamentação teórica que sustenta o GESPÚBLICA, analisado sob a ótica das instituições enquanto instrumentos para uma mudança efetiva. Entenda-se por *efetiva* a condição de atingir (eficácia) e manter estáveis os resultados atingidos por ela.

Seja para melhorar a qualidade dos serviços, seja para tornar-se eficiente a proposta do GESPÚBLICA está baseada na mudança de padrões: alterar as atuais regras e fazer com que as pessoas assumam novo comportamento, alicerçado em regras e expectativas novas, tanto para os servidores na condição de agentes públicos, como para os cidadãos em suas relações com o Estado. As instituições podem ser instrumento dessa mudança.

> **Instituição:**
> "as práticas do jogo numa sociedade".
> *Putnam, 1996*

Em seu trabalho, Robert Putnam utiliza o termo *instituição* em sentido estrito, significando organizações formais, que têm identidade, valores e práticas bem definidas. Putnam, no entanto, refere-se também ao termo *instituição* com o sentido utilizado por North, mais amplo, para designar *as práticas do jogo numa sociedade,* e sob este enfoque está abordado o segundo aspecto da mudança proposta pelo GESPÚBLICA, pois é nele que se explica, em parte, a dificuldade enfrentada no setor público para efetivar mudanças dessa natureza.

---

[55] Comunidade de democracia: a experiência da Itália moderna, 1996.

Esse é o principal e maior desafio do processo de mudança: alterar o sistema de auto-reforço de práticas indesejadas. O fator de permanência provavelmente mais forte é a facilidade, segundo North, que tem o agente individual de se adaptar às regras do jogo vigentes em contraposição à dificuldade em tentar modificá-las. Por isso, afirma North, "os modelos institucionais tendem a auto-reforçar-se, mesmo quando são ineficientes". (North *apud* Putnam, 1996).[56]

Há uma relação entre o conceito de instituição de North, de sentido mais amplo e usado por Putnam, e o conceito proposto por Schotter:

"Instituição[57] é uma regularidade **R**, no comportamento da população **P** quando todos seus indivíduos estão envolvidos em uma situação recorrente **I**, pode ser considerada como uma instituição se e somente se é verdade e amplamente conhecido que: todos agem de acordo com R; cada indivíduo espera que todos os outros em P ajam de acordo com R; e, cada indivíduo prefere agir de acordo com R na condição de que os outros também o façam (...)"

Há entre nós uma instituição que exemplifica o conceito de Schotter: o atraso. Marcamos uma reunião para as 14h, porque queremos que aconteça às 14h30min. Saímos às 14h30min para a reunião marcada para as 14h, porque temos certeza de que ninguém estará presente no horário marcado. Chegamos ao local da reunião às 14h50min e encontramos poucas pessoas. Logo ficamos sabendo que os poucos presentes chegaram após às 14h45min, para a reunião marcada para as 14h para que pudesse ser iniciada efetivamente às 14h30min. Às 15h10min a reunião foi iniciada sem que todos estivessem presentes o que só aconteceu às 15h25min. A pessoa que presidiu a reunião iniciou parabenizando a todos que chegaram a tempo – 15h10min – os que chegaram a tempo – entre 14h45min e 15h10min – reclamaram da impontualidade dos demais. Em resumo: todos saíram convictos de que a próxima reunião começará pontualmente uma hora e dez minutos depois da hora prevista na convocação. Como tem

---

[56] North, Institutions, institutional change and economic performance. Cap. 10 12.

[57] SCHOTTER, Andrew. The Economic Theory of Social Institutions. Cambridge: Cambridge University Press, 1981.

acontecido assim há muito tempo, essa instituição do atraso tende a reforçar-se cada vez mais. A propóstito: marcar compromissos meia ou uma hora antes constitui-se apenas um *requinte* da regra do jogo do atraso.

Quando Putnam, citando Douglas North, trabalha o conceito de instituição em sentido amplo para designar *as regras do jogo numa sociedade* (North, *apud,* Putnam, 1996), não se refere seguramente a normas escritas, leis e regulamentos, mas a padrões de comportamento de uma determinada sociedade.

Sob este aspecto, os dois conceitos de instituição guardam entre si uma estreita relação, pois a regularidade R no comportamento da população P diz respeito às regras do jogo. O comportamento em uma situação recorrente (...) será uma resposta coerente em relação a essas regras ou a esse padrão de comportamento.

Poderíamos arriscar uma versão do questionamento de Putnam da seguinte forma: *A mudança das instituições formais pode alterar uma regularidade no comportamento de uma população?*

"Na verdade", comenta Putnam, "tais regras costumam induzir à formação de organizações e grupos interessados em suas imperfeições. Segundo, depois que o desenvolvimento toma determinado rumo, a cultura organizacional, os costumes e os modelos mentais do mundo social reforçam essa trajetória. A cooperação ou a omissão e a exploração tornam-se entranhadas. As regras informais e a cultura não só mudam mais lentamente do que as regras formais, como tendem a remodelá-las, de modo que a imposição externa de um conjunto comum de regras formais acarreta resultados amplamente divergentes" (Putnam, 1996).

A cultura formalista e cartorial da administração pública concebe, em parte, bons modelos de instituições formais, boas regras, no entanto, no momento da transformação efetiva da realidade, os agentes que irão operar a mudança se deixam influenciar pelas regras informais e cultura vigentes que, provavelmente, pelas razões apontadas por Putnam acabam por comprometer o processo lento de mudança dessas regras informais e da própria cultura.

O GESPÚBLICA busca novo "equilíbrio de mútuo reforço".

A afirmação de Putnam de que *"a maioria dos estudiosos isentos reconhece que as atitudes e as práticas constituem um equilíbrio de mútuo reforço"* (Putnam, 1996) auxilia em grande parte a sustentação da hipótese de que uma mudança efetiva só acontecerá na medida em que novas atitudes e práticas, definidas com base num estado futuro desejado, sejam implantadas, cultivadas, aceitas até o ponto de se constituírem em um *novo equilíbrio de mútuo reforço*.

A proposta do GESPÚBLICA ao apontar para a necessidade de focar a administração pública no cidadão, na sociedade, implica induzir a participação social ou o controle social. Tal mudança abrange não só a prática interna das instituições públicas, mas o comportamento da sociedade como usuária dos serviços públicos e mantenedora do Estado.

Nesta dimensão, Putnam afirma que nas comunidades com alto grau de civismo e cooperação, os cidadãos querem um bom governo e (em parte pelos seus próprios esforços) conseguem tê-lo. Eles exigem serviços públicos mais eficazes e estão dispostos a agir coletivamente para alcançar seus objetivos comuns. Já os cidadãos das regiões menos cívicas (referindo-se aos resultados da sua pesquisa nas diversas regiões da Itália), costumam assumir o papel de suplicantes e alienados (Putnam, 1996).

Mudar a administração pública sob este enfoque implica, também, mudar a atitude do cidadão como destinatário dos serviços e da ação do Estado. Essa mudança implica induzir valores como civismo e cooperação, implica novas instituições, no sentido de novas regras do jogo. Sob esse aspecto o GESPÚBLICA é a única proposta consistente de mudança.

Para Anna Maria Campos, *"a um superestado corresponde, então, uma subcidadania. Governo autoritário e cidadãos subservientes mutuamente se explicam e têm uma relação de apoio recíproco"* (Campos, 1990). Esta é uma instituição, enquanto regularidade de comportamento indesejada, que precisa mudar.

O último, mas tão importante quanto os demais aspectos abordados por Putnam, diz respeito ao tempo da mudança. Segundo o autor, *"a his-*

tória evolui talvez ainda mais lentamente quando se trata de instituir regras de reciprocidade e sistemas de participação cívica, muito embora faltem-nos parâmetros para afirmá-lo com certeza". "No entanto", complementa Putnam, *"duas décadas é tempo suficiente para detectar o impacto da reforma institucional no comportamento político, mas não para relacionar seus efeitos com padrões mais arraigados de cultura e estrutura social"* (Putnam, 1996).

A transformação proposta pelo GESPÚBLICA é uma mudança cujo objetivo é instituir novas regras de reciprocidade. Em outras palavras, fazer com que os agentes públicos e os cidadãos estabeleçam entre si uma nova regularidade de comportamento.

De um lado o cidadão, de outro o servidor público. Entre eles o espaço do relacionamento entre o Estado e a sociedade. A baixa qualidade dos serviços, a pouca participação e controle por parte do cidadão são resultados de uma regularidade de comportamento indesejada, porém difícil de ser eliminada, principalmente porque dispõe de um mecanismo de autoreforço que é aceitação passiva da situação e a repetição contínua desse comportamento que a própria aceitação dele estimula.

A velocidade de transformação da administração pública para atingir o futuro desejado estabelecido pelo GESPÚBLICA depende diretamente da velocidade com que conseguir sensibilizar, motivar e comprometer as pessoas que têm o poder de estabelecer uma nova regularidade no relacionamento entre o Estado e os seus cidadãos.

Não estamos *subordinados a uma trajetória*, podemos reorientá-la a partir da ruptura dos padrões de procedimentos até a construção de um novo sistema de valores. Isto é possível por meio de instituições transformando instituições. As instituições formais, devidamente aparelhadas e comprometidas com a mudança, podem quebrar as instituições que em sentido mais amplo significam as regras do jogo numa sociedade (North, *apud*, Putnam, 1996).

Mudanças dessa natureza são graduais e incrementais, pois tratam de alterar procedimentos e hábitos. Talvez por isso sejam quase sempre relegadas a um segundo plano, na medida em que são constantemente adiadas.

Carlos Matus, ao referir-se ao processo de mudança, fala de uma *mediocridade ultra-estável* que impede o sucesso e a permanência das mudanças (Matus, 1993). Essa mediocridade ultra-estável que se auto-reforça a cada ação de mudança que fracassa só poderá ser vencida a partir do momento em que se estabelecer uma nova e melhor regularidade de comportamento, onde todos ajam de acordo com a nova regra, desejam continuar agindo dessa maneira, esperam que os outros também ajam assim, e reforçam essa prática toda vez que todos agem de acordo com ela.

Tenho um sonho: a gestão pública estabelecida sobre uma nova regularidade de comportamento.

Tenho uma certeza: essa mudança é possível e o GESPÚBLICA a está tornando realidade.

Este sonho e esta certeza têm feito e me mantido "otimista demais"[58].

---

[58] Alusão à expressão utilizada por Roberto Carlos em sua música "Emoções".

Quando...

Quando a gestão pública genuinamente passar a orientar-se para o cidadão e para a geração do bem comum, surgirá um novo modelo de instituição pública.

A modelagem institucional será orientada para a criação de valor para o cidadão e representará o critério maior em torno do qual serão agregadas todas as funções necessárias ao atendimento ao cidadão nos seus diversos momentos.

- O cidadão-aluno será servido por uma instituição pública que lhe proverá educação, saúde, segurança ...;

- O cidadão-trabalhador contará com uma instituição pública que lhe dará garantia de direitos, empregabilidade, saúde, educação, segurança, aposentadoria ...;

- O cidadão-empreendedor terá à sua disposição uma instituição pública que lhe proverá apoio legal para seu empreendimento existir, funcionar e desaparecer.

Nessa nova realidade institucional o centro é o cidadão e as suas demandas o único critério de departamentalização aceitável. As novas instituições públicas serão nacionais com atuação municipal.

O modelo de administração, a sustentabilidade financeira e outros detalhes são inoportunos agora, pois é preciso compreender que tais definições virão por acréscimo natural à medida que os atuais valores exageradamente burocráticos, cultuadores do poder, sejam paulatinamente substituídos por valores de responsabilidade social pública.

Nesse caminho de transformação permanecerá imutável o discurso, mudará a prática que ao se tornar gradativamente próxima da retórica atual torná-la-á menos hipócrita.

BIBLIOGRAFIA

ÁBRÚCIO, Fernando Luiz. *O impacto do modelo gerencial na administração pública: um breve estudo sobre a experiência internacional recente*. Brasília, Cadernos ENAP, nº 10, 1997.

ALFORD, Robert R; FRIEDLAND, Roger. *Powers of theory: capitalism, the state, and democracy*. Cambridge: Cambridge University Press, 1985.

ANSOFF, H. Igor.; McDONNELL, E. J. *Implantando a administração estratégica*. 2ª ed. São Paulo: Atlas, 1993.

BARRETO, Paulo Daniel Lima. *As Instituições como fator de mudança na reforma do aparelho do estado no Brasil*. Dissertação de Mestrado, Universidade de Brasília, Brasília, 1999.

BASTOS, Celso Ribeiro. *Curso de direito constitucional*. 18ª ed., São Paulo: 1997.

BATISTA JÚNIOR, Onofre Alves. *Princípio constitucional da eficiência administrativa*. 1ª ed., Belo Horizonte: Mandamentos, 2004.

BELTRÃO, Hélio. *Descentralização e liberdade*. 3ª ed. – Brasília: Editora Universidade de Brasília/Instituto Hélio Beltrão, 2002.

BOBBIO, Norberto; MATTEUCCI, Nicola; PASQUINO, Gianfranco. *Dicionário de política*, tradução Carmen C. Varrialle...(et al.), 8ª ed., Brasília: Editora Universidade de Brasília, 1995.

BOBROW, David; DRYZEK Jhon S. *Policy analysis by design*. Pittsburgh: University of Pittsburgh Press.

BRAND, Charles A. *Public Policy and the General Welfare*. Nova York, Rinehart & Winston, 1941.

BRASIL. Constituição brasileira 1988. Coordenação e índice de José Cretella Jr. Rio de Janeiro: Forense Universitária, 1988.

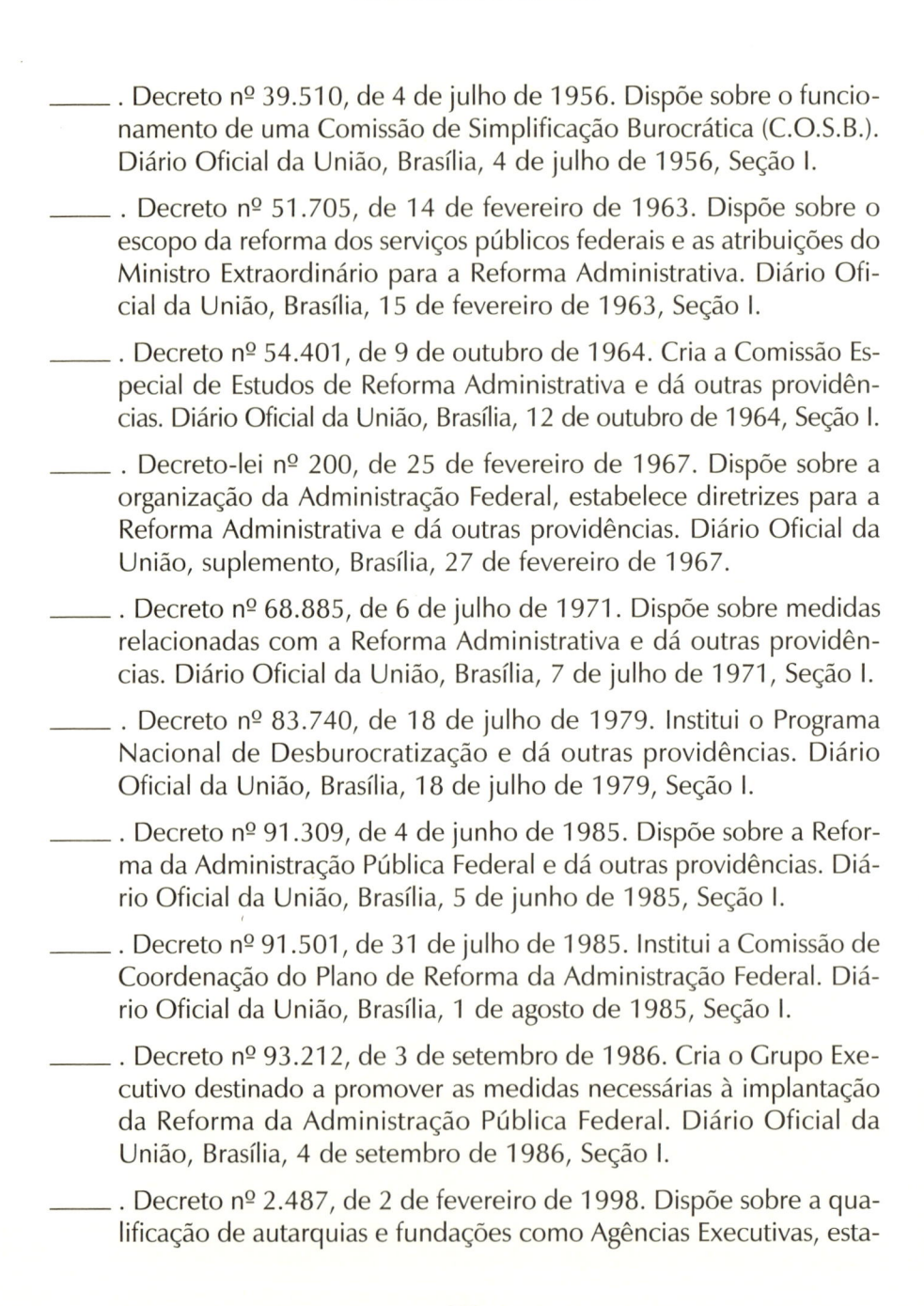

_____. Decreto nº 39.510, de 4 de julho de 1956. Dispõe sobre o funcionamento de uma Comissão de Simplificação Burocrática (C.O.S.B.). Diário Oficial da União, Brasília, 4 de julho de 1956, Seção I.

_____. Decreto nº 51.705, de 14 de fevereiro de 1963. Dispõe sobre o escopo da reforma dos serviços públicos federais e as atribuições do Ministro Extraordinário para a Reforma Administrativa. Diário Oficial da União, Brasília, 15 de fevereiro de 1963, Seção I.

_____. Decreto nº 54.401, de 9 de outubro de 1964. Cria a Comissão Especial de Estudos de Reforma Administrativa e dá outras providências. Diário Oficial da União, Brasília, 12 de outubro de 1964, Seção I.

_____. Decreto-lei nº 200, de 25 de fevereiro de 1967. Dispõe sobre a organização da Administração Federal, estabelece diretrizes para a Reforma Administrativa e dá outras providências. Diário Oficial da União, suplemento, Brasília, 27 de fevereiro de 1967.

_____. Decreto nº 68.885, de 6 de julho de 1971. Dispõe sobre medidas relacionadas com a Reforma Administrativa e dá outras providências. Diário Oficial da União, Brasília, 7 de julho de 1971, Seção I.

_____. Decreto nº 83.740, de 18 de julho de 1979. Institui o Programa Nacional de Desburocratização e dá outras providências. Diário Oficial da União, Brasília, 18 de julho de 1979, Seção I.

_____. Decreto nº 91.309, de 4 de junho de 1985. Dispõe sobre a Reforma da Administração Pública Federal e dá outras providências. Diário Oficial da União, Brasília, 5 de junho de 1985, Seção I.

_____. Decreto nº 91.501, de 31 de julho de 1985. Institui a Comissão de Coordenação do Plano de Reforma da Administração Federal. Diário Oficial da União, Brasília, 1 de agosto de 1985, Seção I.

_____. Decreto nº 93.212, de 3 de setembro de 1986. Cria o Grupo Executivo destinado a promover as medidas necessárias à implantação da Reforma da Administração Pública Federal. Diário Oficial da União, Brasília, 4 de setembro de 1986, Seção I.

_____. Decreto nº 2.487, de 2 de fevereiro de 1998. Dispõe sobre a qualificação de autarquias e fundações como Agências Executivas, estabelece critérios e procedimentos para a elaboração, acompanhamento e avaliação dos contratos de gestão e dos planos estratégicos de reestruturação e de desenvolvimento institucional das entidades qualificadas e dá outras providências. Diário Oficial da União, Brasília, 3 de fevereiro de 1998, Seção I.

_____ . Decreto nº 5.378, de 23 de fevereiro de 2005. Institui o Programa Nacional de Gestão Pública e Desburocratização – GESPÚBLICA e o Comitê Gestor do Programa Nacional de Gestão Pública e Desburocratização, e dá outras providências.

_____ . Decreto nº 3.507, de 13 de junho de 2000. Dispõe sobre o estabelecimento de padrões de qualidade do atendimento ao cidadão.

_____ . Lei nº 9.637, de 15 de maio de 1998. Dispõe sobre a qualificação de entidades como organizações sociais, a criação do Programa Nacional de Publicização, a extinção dos órgãos e entidades que menciona e a absorção de suas atividades por organizações sociais e dá outras providências. Diário Oficial da União, Brasília, 18 de maio de 1998, Seção I.

_____ . Leis, decretos etc. *Desburocratização – legislação* julho/79 a julho/83. 3ª ed. Brasília, Programa Nacional de Desburocratização, 1983.

_____ . Ministério da Administração Federal e Reforma do Estado. *Histórico do MARE: legislação (compilação de atos oficiais, a partir de 1936).* Brasília, 1998.

_____ . Ministério da Administração Federal e Reforma do Estado. *Plano Diretor da Reforma do Aparelho do Estado.* Brasília, novembro, 1995.

_____ . Ministério da Administração Federal e Reforma do Estado. *Agências Executivas – caderno 9.* Brasília, MARE, 1997.

_____ . Ministério da Administração Federal e Reforma do Estado. *Organizações Sociais* – caderno 2. V. 2. Brasília, MARE, 1998.

_____ . Ministério da Administração Federal e Reforma do Estado. *Publicização: organizações sociais – foco no cidadão, ênfase em resultados, controle social flexibilidade.* Brasília, 1997.

_____. Ministério da Administração Federal e Reforma do Estado. *Publicização: histórico do MARE – legislação: compilação de atos oficiais, a partir de 1936.* Brasília, 1998.

_____. Ministério da Administração Federal e Reforma do Estado. *QPAP – programa da qualidade e participação na administração pública: termo de referência.* Brasília, 1998.

_____. Ministério do Planejamento, Orçamento e Gestão. *Instrumento de Avaliação da Gestão Pública.* Brasília, 2000.

_____. Ministério do Planejamento, Orçamento e Gestão. *Instruções para Candidatura ao Prêmio Qualidade do Governo Federal – Ciclo 2000.* Brasília, 2000.

BROCKA, Bruce. *Gerenciamento da qualidade;* tradução e revisão técnica Valdênio Ortiz de Sousa. São Paulo: Makron Books, 1994.

CAMILO, Ronald Darwich. *Modelagem dinâmica da gestão: passos para a excelência e resultados superiores.* Belo Horizonte: Instituto Qualidade Minas, 2003.

CAMPOS, Anna Maria. *Accountability: quando poderemos traduzi-la para o português?* Revista Administração Pública. Rio de Janeiro: fev./abr., 1990.

CHIAVENATO, Idalberto. *Introdução à teoria geral da administração.* 4ª ed. São Paulo: Makron Books, 1993.

CLAUSEWITZ. *De La Guerre,* Editora Mateu, Barcelona, 1972.

COHEN, Ernesto; FRANCO, Rolando. *Avaliação de projetos sociais,* 5ª edição, Petrópolis, RJ: Vozes, 1993.

DESCARTES, René. *Discurso do método, in* Os Pensadores, tradução de J. Guinsburg e Bento Prado Júnior. 3ª ed. São Paulo: Abril Cultural, 1983.

DRUCKER. Peter. *Managing for results.* New York: Harper & Row, 1964.

ECCLES, Robert G.; NOHRIA, Nitin; BERKLEY, James., *Assumindo a responsabilidade – redescobrindo a essência da administração,* tradução Waltensir Dutra. Rio de Janeiro: Editora Campus, 1994.

FAORO, Raymundo. *Os donos do poder: formação do patronato político brasileiro*, 3ª ed. Ver. – São Paulo: Globo, 2001.

HAM, Christopher e HILL, Michael. *The policy process in the modern capitalist state*. Hertfordshire: Harvester Wheatsheaf, 2ª ed., 1993.

HOLANDA, Sérgio Buarque de. *Raízes do Brasil*, 26ª ed., São Paulo: Companhia das Letras, 1995.

KAPLAN, Robert e NORTON, David P., *Organização orientada para a estratégia: como as empresas que adotam o balanced scorecard prosperam no novo ambiente de negócios*; tradução de Afonso Celso da Cunha Serra. Rio de Janeiro: Campus, 2000.

KOTTER, John P. *Liderando a mudança*. Rio de Janeiro: Campus, 1997.

LAHÓZ, André. *Nota alta: pesquisa do Vox Populi revela que os usuários aprovam os serviços do governo*. Revista Exame, nº 17, edição 721, de 23 de agosto de 2000, Abril, São Paulo, 2000.

MARE. *Emenda constitucional nº 9, de 4 de junho de 1998: reforma administrativa*. Brasília, 1998.

MARQUES, Manuel Pedroso. *O jogo estratégico na gestão*. Portugal: Difel, 1996.

MARTINS, Luciano. *Reforma da Administração Pública e cultura política no Brasil: uma visão geral*. Cadernos ENAP nº 8. Brasília: ENAP, 1997.

MATUS, Carlos. *Política, Planejamento e Governo*. Brasília: IPEA, 1993.

MEHTA, Pradip V. *President's Quality Program Hononors Government Organizations: awards are based on nature approaches and improvement*. Revista Quality Progress, agosto de 2000.

MEIRELLES, Hely Lopes. *Direito administrativo brasileiro*. 18ª ed., São Paulo: Malheiros Editores, 1993.

MINTZBERG, Henry. *The rise and fall of strategic planning: reconceiving roles for planning, plans, planners*. New York: Free Press, 1994.

MOTTA, Paulo Roberto. *Transformação organizacional: a teoria e a prática de inovar*. Rio de Janeiro: Qualitymark Ed., 1998.

NASCENTES, Antenor. *Dicionário da Língua Portuguesa da Academia Brasileira de Letras*. Rio de Janeiro: Bloch Editores, 1988.

NÓBREGA, Clemente. *A ciência da gestão – marketing, inovação, estratégia: um físico explica a gestão – a maior inovação do século XX – com uma ciência*. 2ª ed. Rio de Janeiro: Editora Senac, 2004.

OSBORNE, David e GAEBLER, Ted. *Reinventando o governo – como o espírito empreendedor está transformando o setor público*. Tradução Sérgio Bath e Ewandro Magalhães Junior. Brasília: MH Comunicação, 1994.

PEDONE, Luiz. *Formulação, implementação e avaliação de políticas públicas*. Brasília, Fundação Centro de Formação do Servidor Público – FUNCEP, 1986.

PEREIRA Cláudia Fernanda de Oliveira. *Reforma administrativa: o Estado, o serviço público e o servidor*. 2ª Ed. Brasília: Brasília Jurídica, 1998.

PEREIRA, Luiz Carlos Bresser. *Da administração pública burocrática à gerencial. A reforma do Estado na América Latina e no Caribe*. Seminário internacional, Brasília, 16/17 maio/1996.

_____ . SPINK, Peter. (organizadores) *Reforma do estado e administração pública gerencial*. Rio de Janeiro: Editora Fundação Getúlio Vargas, 1998.

_____ . *Reforma do estado para a cidadania – a reforma gerencial brasileira na perspectiva internacional*. São Paulo: Editora 34, Brasília: ENAP, 1998.

PUTNAM, Robert D. *Comunidade e democracia: a experiência da Itália moderna*. Rio de Janeiro: Editora de Fundação Getúlio Vargas, 1996.

RIO GRANDE DO SUL. *Lei nº 11.075, de 6 de janeiro de 1998. Institui o Código Estadual de Qualidade dos Serviços Públicos*.

SHERPHERD, Geoffrey e VALÊNCIA, Sofia. *Modernizando a administração pública na América Latina: problemas comuns sem soluções fáceis*. Revista do Serviço Público/Fundação Escola Nacional de Administração Pública – ano 47 vol. 120 número 3, set./dez., 1996.

SABATOVSKI, Emílio. FONTOURA, Iara. *Constituição Federal de 1988*. 1ª ed. 2ª tiragem. Curitiba: Juruá, 1999.

SENGE, Peter M. *A quinta disciplina – arte, teoria e prática da organização de aprendizagem*. 5ª edição. São Paulo: Editora Best Sellers – Círculo do Livro, 1990.

THE BRITISH COUNCIL. *Public sector reform in Britain: briefing notes*. UK, Governance Unit, M0anchester, 1996.

VÁRIOS autores. *Mudança organizacional: aprofundando temas atuais em administração de empresas*, Thomaz Wood Jr. (coordenador). São Paulo: Atlas, 1995.

VÁRIOS autores. *Reforma do Estado e administração pública gerencial*, Luiz Carlos Bresser Pereira e Peter K. Spink (organizadores), tradução Carolina Andrade. Rio de Janeiro: Editora Fundação Getúlio Vargas, 1998.

VÁRIOS autores *Reforma do Estado e democracia no Brasil*, Eli Diniz e Sérgio de Azevedo (organizadores). Brasília: Editora da Universidade de Brasília, 1997.

WEBER, Max. *A ética protestante e o espírito do capitalismo.* Tradução Irene de Q. F. Szmecsanyi, Tamás J. M. K. Szmecsanyi, 12ª ed. São Paulo: Pioneira, 1996.

Administração Pública no Século XXI

Foco no Cidadão

● *Índio da Costa* ● *80 páginas* ● *16 x 23cm* ●

Neste livro, Índio da Costa retoma a tradição familiar de pensar a administração pública de uma forma orgânica, amparado em sua experiência na Prefeitura do Rio, nos diversos mandatos parlamentares e no Instituto de Novas Ideias para o Rio de Janeiro, e alinhado com todas as tendências contemporâneas de reflexão sobre o assunto. Escrito em linguagem comum, diversas técnicas e práticas modernas de administração são propostas para o setor público, com o objetivo de oferecer novos caminhos para resolver antigos problemas. O autor nos mostra que existe solução para reduzir a grande quantidade de impostos que se cobra no Brasil.

Administração Pública no Século XXI – Foco no Cidadão é manifesto contra a burocracia e em defesa do Estado Indutor de Desenvolvimento para facilitar o dia a dia da sociedade. Trata-se de um contraponto ao que têm feito os governos que incham seus quadros sem concurso público, contratando pessoas não especializadas, resultando em carga tributária altíssima e, em muitos casos, os serviços continuam se deteriorando.

Sem a pretensão de resolver todas as questões que nos afligem, este livro pretende abrir esta discussão mostrando um caminho estratégico e inevitável para que o Estado faça a sua parte, oferecendo melhores serviços na Segurança Pública, Saúde, Educação e Meio Ambiente, entre outros setores, com apenas um conceito: *gestão séria, eficiente* e *eficaz*.

Diversos Autores
216 páginas
16 x 23cm

Avanços e Perspectivas da Gestão Pública nos Estados

Alguns Estados Brasileiros se esforçam para desenvolver inovações que [tra]sam ganhos de produtividade, economia e melhor prestação de serviços públicos [à] sociedade. Avanços e Perspectivas da Gestão Pública nos Estados é mais que [u]ma caracterização de ações realizadas com esse objetivo. É um conjunto de [re]comendações que podem ser seguidas em várias instâncias de todos os governos [e]staduais brasileiros. A obra tem como base os trabalhos apresentados no LXI [F]órum Nacional de Secretários de Administração, realizado em março de 2006, [e]m São Paulo.

Com prefácio do economista e cientista político, Luiz Carlos Bresser, e artigos [d]e autoria de Francisco Gaetani, coordenador do PNUD no Brasil, Ciro Campos [F]ernandes, especialista em políticas públicas e gestão governamental e professores [re]nomados da Fundação Getúlio Vargas como Regina Pacheco e José Carlos Vaz, [o] livro apresenta diversas reflexões atuais sobre as formas de administração [g]overnamentais nas esferas federal, estadual e municipal. Quais são sua [pr]incipais diretrizes, implementações e consequências, em prol da construção [d]e um Estado mais justo, forte e igualitário. Conheça lições e possíveis estratégias [p]ara a melhoria da gestão pública no Brasil.

QUALITYMARK EDITORA

Entre em sintonia com o mundo

QualityPhone:
0800-0263311

Ligação gratuita

Qualitymark Editora
Rua Teixeira Júnior, 441 – São Cristóvão
20921-405 – Rio de Janeiro – RJ
Tels.: (21) 3094-8400/3295-9800
Fax: (21) 3295-9824
www.qualitymark.com.br
e-mail: quality@qualitymark.com.br

Dados Técnicos:

• Formato:	16 x 23 cm
• Mancha:	12 x 19 cm
• Fonte título:	Swis721 BlkBT
• Fonte texto:	ZapHummanst Bt
• Corpo:	11
• Entrelinha:	13
• Total de Páginas:	248